Peter Planyavsky

Moritz Reger und andere Schrägheiten

Peter Planyavsky

Moritz Reger

und andere Schrägheiten

DR. J. BUTZ · MUSIKVERLAG

Peter Planyavsky
Moritz Reger und andere Schrägheiten

Bibliografische Information der Deutschen Bibliothek:
Die Deutsche Bibliothek verzeichnet diese Publikation in der Deutschen
Nationalbibliografie,
detailliertere bibliografische Daten sind im Internet
über http:\\dnb.ddb.de abrufbar.

© 2005 by Musikverlag Dr. J. Butz, Sankt Augustin
Lektorat, Gestaltung und Satz: Markus Zimmermann, Freiburg
Herstellung: Druckerei & Verlag Steinmeier, Nördlingen
Verlagsnummer: BuB 04
ISBN 3-928412-04-3

Inhalt

Für meinen Vater,
von dem ich die Lust am Wort,
gerade auch am schrägen Wort,
habe

Vorwort

Den »schrägen« Seitenzweig hat es bei mir immer schon gegeben. Es sind eigentlich zwei Zweige: die musikalische Parodie (siehe später) und die unernste Schreibe. Die musikalischen Parodien haben mir schon einmal die Frage eingetragen:»Sagen Sie, haben Sie auch ernste Sachen komponiert?« – was ich durchaus als Kompliment aufgefasst habe. Im Laufe der Zeit hat sich auch eine ziemliche Menge unernster Schreibe angesammelt. Manches hat sich ja schon in Kopien von Kopien von Kopien erstaunlich weit verbreitet. Die Idee, einiges nun »echt« zu veröffentlichen, hat mir sehr gefallen. Mein alter Freund Erwin Horn war daran beteiligt.

Das Folgende wird man mir freudig als krasse Eigenwerbung ankreiden, aber das ertrage ich, weil ich etwas klarstellen möchte: Der weitaus größere Teil meiner schrägen Produktion kam für dieses Büchlein gar nicht in Frage. Erstens ist vieles so eng an Situationen und Personen gebunden oder wäre nur einem speziell informierten Kreis verständlich, dass eine allfällige Schmunzelwirkung nur höchst begrenzt eintreten könnte. Das betrifft satirische Beiträge über den Stephansdom, die Wiener Musikuniversität oder auch die mehr als 30 Jahre zurückliegende Arbeit am Orgelbuch zum *Gotteslob*. Zweitens entfalten manche Beiträge ihre Wirkung hauptsächlich beim Vortragen oder brauchen die spontane Reaktion der Adressaten, wirken aber beim individuellen Lesen enttäuschend flach. Meine höchst wissenschaftliche und dabei eminent praktisch zu nutzende masterclass »Die gemischt dental-vokale Methode der Gesangstechnik«, um nur ein Beispiel zu nennen, entzieht sich leider weitgehend der Schriftform. In einem Kabarett sollte das Publikum keine Textbücher haben; die komische Wirkung nähme ab und nicht zu. Vor allem wo es um Pointen aufgrund von lautlichen Ähnlichkeiten und Verwechslungen geht, ist die Schriftform geradezu der Feind der Hörform. Einige weitere »Essays« wollte ich aus einem ganz eigennützigen Grund nicht veröffentlichen: Sie werden immer wieder als Einführungsvorträge bei Live-Aufführungen gebraucht (zumindest hoffe ich, dass das so bleiben wird!). Das betrifft die musikalischen Parodien *Der zufriedengestellte Autobus* oder das gregorianische *Proprium in feria secunda Rosarum*. Bei Letzterem etwa gibt es einen ganz unerwarteten Gag beim Durchsingen mit dem Publikum, der ein für alle Mal dahin wäre, würde man ihn schriftlich fixiert verbreiten. (Ein Artikel über P. P. Bach und den *Autobus* ist zwar vor einigen Jahren erschienen, aber die betreffende Publikation ist von eher geringer Reichweite, worin ich in diesem Fall paradoxerweise einen Vorteil sehe.)

Der geneigte Leser ist im Sinne von Punkt 1 herzlich gebeten, über alles, was immer noch sehr lokal oder spezifisch ist und ihm zunächst nicht lach-, sondern rätselhaft erscheint, gütig hinwegzusehen oder allenfalls seine Imagination auf »Volle Kraft voraus« einzustellen. Unter den Texten in diesem Büchlein gibt es drei, die nicht parodistisch im strengen Sinn sind. Ich bin zuversichtlich, dass Sie erkennen werden, welche das sind. Schreiben Sie die Lösung auf eine Postkarte und schicken Sie sie nirgendwohin; so ist sichergestellt, dass niemand ungerechtfertigt einen Preis bekommt, und der Verlag erspart sich die Kosten für die notarielle Aufsicht über die Auslosung. P. P.

Peter Planyavsky wurde kurz vor seiner Taufe in Wien geboren. Früh wurde seine kirchenmusikalische Begabung entdeckt: Schon als Dreijähriger konnte er einen Beichtstuhl von einer Orgel unterscheiden. Deshalb studierte er an der Wiener Musikhochschule weder Balalaika noch Bühnenfechten. Durch Planyavskys Aktivitäten als liturgischer Stiftsgärtner in Schlägl (1968/69) aufmerksam geworden, bewarb sich der Stephansdom um ihn als Domorganisten; nach einer Probezeit von 35 Jahren entschied sich P. aber schließlich doch für einen Beruf ohne Kerzenlicht. Seit 1980 gibt er seine Probleme bei der Berufsausübung auch an Studenten der Musikhochschule weiter. Auf ausgedehnten Gourmetreisen nach Nordamerika, Fernost und Bopfingen konnte er auch einige Orgelkonzerte geben. Planyavsky ist stellvertretender Bundesehrenvorsitzender in der österreichischen Gesellschaft für das Plagiatswesen und Landeskrummhornwart für Wien und das Burgenland. Sein wichtigster Beitrag zum Musikleben ist allerdings die Ausgrabung und Herausgabe von UVM® (*Unverdient Vergessene Meisterwerke*).
Bisher hat er die Öffentlichkeit mit folgenden Entdeckungen konfrontiert: *Proprium in Feria II Rosarum* (vier apokryphe gregorianische Stücke, 1983); Peter von der Straße (P. P. de la Rue), *Frühlingslust* und *Requiem hilaris* (1984); P. P. Bach, *Der zufriedengestellte Autobus* (1985); W. A. P. Mozart, *Vier Stücke für die Trompetenuhr* (1985); ders., *Die Schaffnerin aus Liebe*, ein höchst bürgerliches Singspiel (1987); *Ankunftssymphonie* von J. P. Haydn (Hob. LILI/1987); P. P. Bach, *Cactus tragicus*, Kantate (2004); W. A. P. Mozart, *Eine nicht gerade kleine Nachtmusik* (2005)

Kirchenmusiker – teste dein Wissen!

1. Orgelbaukunde

Was versteht man unter einer spanischen Trompete?

a nicht mehr viel von der Predigt
b eine wunderschöne Blume aus der iberischen Steppe
c besonders kunstvoll gestaltete Gegengewichte, die horizontal aus dem Gehäuse ragen, damit die Windladen nicht nach oben wegkippen

Was sind Pulpeten?

a sehr harte Betten zum Herausziehen aus einem Schrank
b kleines Bleispielzeug der Orgelbauer beim Intonieren
c kreisrunde Verfärbung am Augapfel

Wie lautet der alte, fast vergessene Fachausdruck für leises Präludieren auf einem sanften, gedeckten Holzregister?

a umherflöten
b dahingamben
c copulieren

Wozu benötigt man einen Bassschlüssel?

a zum Absperren einer Bassgeige
b zum Entschlüsseln der Markierungen auf den österreichischen Alpenpässen
c zum Öffnen einer Herrentoilette, die kein Tenor betreten darf

2. Musiklehre

Was sind Neumen?

a fehlerhaft gedruckte Viertelnoten ohne Stängel
b in diesem Studienjahr neu aufgenommene Studierende männlichen Geschlechts
c Bakterien, die Neumothorax hervorrufen

Wie lautet der korrekte italienische Ausdruck für Klagegesang?

a Lametta
b Belcanto
c Lamborghini

Was versteht man unter Satzlehre?

a das Freisein eines gesprochenen oder geschriebenen Satzes von irgendeiner sinnvollen Aussage
b die Wissenschaft vom Lesen der Zukunft aus dem Kaffeesatz
c gemeinsame Erholungspausen der Studierenden zwischen den Übungsstunden unter Anwesenheit eines staatlich geprüften Animateurs

Was ist Gehörbildung?

a das Gesamtwissen eines Analphabeten, der seine Bildung nicht durch Lesen, sondern vom Hörensagen erworben hat
b der Versuch, eine im menschlichen Gehirn nicht vorhandene Stelle weiterzuentwickeln
c lästig

Was bedeutet »espressivo«?

a mit großem Druck singen
b nicht im Takt singen, sondern nur mit Gefühl
c zunächst einen Espresso trinken und dann weitersingen

Was ist ein Intervall?

a der Abstand zwischen zwei verpassten S-Bahnzügen
b eine dünne Zwischenmauer
c ein großes, in allen Ozeanen lebendes Säugetier

Was ist eine Kantilene?

a eine sehr große Kantine
b eine ziemlich knochige Frau namens Lene
c die dem Benützer zugewandte Kante am Entlehnschalter der Bibliothek

3. Musikgeschichte

Welche bedeutende Erfindung ist nach Georg Philipp Telemann benannt?

a das Telefon
b die Telekatessenhandlung*
c die Telemanualkoppel

Wie heißt die Lehre von der Zahlenmystik?

a Kanada
b Ballistik
c Kannibalistik

Was bedeutet es, wenn der Chorleiter mit dem rechten Zeigefinger mehrmals nach oben deutet?

a Blicken Sie unverwandt zur Decke und erröten Sie nicht wegen des Fehlers!
b Ab sofort eine große Sept höher weitersingen!
c Gleich wird's regnen!

Was bedeutet der Ausdruck »attacca«?

a nicht auf den Nebenmann horchen und einfach weiterspielen
b nicht auf den Dirigenten schauen und einfach weiterspielen
c das Instrument fest in die Hand nehmen und das Publikum in den Saal zurückdrängen

Woher kommt der Ausdruck »Reprise«?

a Früher nahm der Dirigent nach der Durchführung eine Prise Schnupftabak zur Beruhigung.
b Die Musiker empfanden das nochmalige Spielen des Anfangs als Repressalie.
c An dieser Stelle ist die Luft im Saal meistens schon so schlecht, dass man sich wieder eine frische Brise wünscht.

Was bedeutet »con fuoco«?

a feierlich
b mit fugierten Einsätzen
c diesen Abschnitt nur spielen, wenn ein Feuer im Saal ausgebrochen ist

* Delikatessenhandlung: Wiener Ausdruck für Feinkostladen

4. Liturgik

Wann wird der Introitus nach dem Psalmvers zur Gänze wiederholt?

a wenn der Priester noch gar nicht aus der Sakristei gekommen ist
b wenn der Priester durch Zeichen zu verstehen gibt, dass er kein Wort verstanden hat
c wenn der Introitus beim ersten Mal völlig danebengegangen ist

Was ist ein Graduale?

a ein Lineal, mit dem man besonders gerade Linien ziehen kann
b ein Buch, in dem Meteorologen jeden Tag eintragen, wie viel Grad es hat
c ein Gesang zur Messe, der dem Chorleiter gerade eingefallen ist

Was ist ein Hochamt?

a eine Behörde, die in einem hohen Gebäude untergebracht ist
b eine Behörde, die hohe Gebäude verwaltet
c eine feierliche Messe, die den meisten Leuten zu hoch ist

Was heißt »a capella«?

a ein kleines Kirchlein
b ein kleines Orchester für Tanzmusik
c ein kleines Käppi, das der Bischof manchmal aufsetzt

* * * * *

Auswertung

Haben Sie viele Fragen mit a, b oder c beantwortet? Dann stehen Ihnen einige große Überraschungen in Ihrem Berufsleben noch bevor – und auch Ihrem Pfarrer.

Der E-Kirchenmusiker

Mit sofortiger Wirkung wird im Geltungsbereich der Erzdiözese Wien eine weitere Besoldungsgruppe für Kirchenmusiker eingeführt. Sie fügt sich ins bestehende Schema wie folgt ein:

A   Akademisch ausgebildeter Kirchenmusiker
A1   Akademisch eingebildeter Kirchenmusiker
B   Bedenklich ausgebildeter Kirchenmusiker
C   Chaotisch ausgebildeter Kirchenmusiker
D   Dürftig ausgebildeter Kirchenmusiker
E (neu) Erschreckend ungebildeter Kirchenmusiker

E-Kirchenmusiker mit weniger als 50 % Beschäftigungsumfang werden pro Dienst entlohnt und bekommen

- pro Aufführung 8,54 abzüglich Umsatzsteuer,
- pro Gemeindebegleitung eine ernste Verwarnung,
- bei Taufen und Begräbnissen Urlaub und
- bei Trauungen keinen Scheck; stattdessen bekommt die Braut einen Schock.

Folgende Prüfungsanforderungen werden an E-Kirchenmusiker gestellt:

I.   Orgel

1.   Nachweis der Fähigkeit, unter Verwendung des Orgelbuches zum *Gotteslob* den Gemeindegesang zu behindern
        a)   Einwandfreies Spiel aller vier Stimmen eines Orgelsatzes, und zwar im Abstand von höchstens zwei Minuten
        b)   Einwandfreies Aufschlagen der übrigen Gesänge aus dem Gotteslob (eventuell nach kurzer Vorbereitungszeit)
        c)   Improvisation eines ganz kurzen Vorspiels in C-Dur, dessen Motivik nicht in Zusammenhang mit dem Anfang des Liedes stehen darf

15

2. Literaturspiel

 a) Die Pedalstimme aus zwei wichtigen Werken der
   Orgelliteratur (1. Satz aus der Pastorale von César Franck
   o. ä.)

 b) Zwei freie Stücke, von denen der Kandidat erst zehn
   Minuten vor der Prüfung befreit wird

3. Orgelbaukunde

Diese Prüfung wird in einer Pfarrkirche im Heimatdekanat des Kandidaten
abgehalten. Der Kandidat muss die Orgel innerhalb von zehn Minuten
nach Betreten der Kirche einwandfrei identifiziert haben und hat weitere
zehn Minuten Zeit zum Auffinden des Motorschalters. Danach werden folgende Aufgaben in beliebiger Reihenfolge gelöst: Einschalten des Motors,
Einschalten der Beleuchtung, Öffnen des Spieltisches, Angreifen von mindestens drei Prospektpfeifen, Abbrechen oder wenigstens Verbiegen des
Gehäuseschlüssels

II. Chorleitung und Gesang

 a) Dirigieren eines dem Kandidaten unbekannten, leichten,
   polygamen Satzes
 b) Erarbeiten eines der Prüfungskommission unverständlichen,
   leichten, polyphonen, einstimmigen Satzes
 a) Einüben von mindestens drei verschiedenen »Amen« (z. B.
   Amen nach dem Tagesgebet, Amen nach dem Gabengebet,
   Amen nach dem Segen)
 b) Singen eines selbst gewählten Stückes aus dem Wiener
   Diözesanblatt
 c) Sprechen einer selbst gewählten Telefonnummer
 d) im Fach Stimmbildung: richtiges Räuspern und Husten

III. Liturgik

 a) einwandfreies Benennen der Rollenträger (Welches ist der
   Zelebrant, welches der Ministrant?); einwandfreies Benennen der
   liturgischen Geräte (Welches von beiden ist der Altar, welches der
   Ambo?); korrektes Abzählen der angezündeten Kerzen und

17

Berechnung der voraussichtlichen Brenndauer; Erkennen der Kirchenjahreszeit bzw. des Festkreises am vorhandenen Blumenschmuck

b) theoretischer Teil: liturgisch richtige Aufteilung der Strophen von *Meerstern, ich dich grüße* auf eine Totenmesse; theologische Hintergründe einer Maibaumsegnung und eines Jungscharlagers; Vertrautheit mit den Horen – wie z. B. Terz, Sext, große Sept, verminderte Quint – und mit den Intervallen (z. B. Non, Vesper, Laudes); Vorschläge für die Beschäftigung des Kirchenchores während einer Predigt von durchschnittlicher Länge

IV. Tonsatz (schriftlich)

– fehlerfreies Abschreiben eines fast unleserlichen Orgelsatzes
– Beziffern eines mittelalterlichen Basses oder Tenors mit einer Tätowierungsnadel
– Aussetzen dieses bezifferten Basses auf einer einsamen Insel
– Kadenzen in verschiedenen Tonarten, wobei auch die einzelnen Akkorde verschiedenen Tonarten angehören dürfen
– diabolische Modulationen

V. Werkkunde

– Gründliche Kenntnis der für den Kirchenmusiker wichtigen Werke (z. B. des Gaswerkes, des E-Werkes, der päpstlichen Missionswerke etc.)
– Quellen und wichtigste Bibliotheken für die rhythmische Messe
– die bekanntesten Bläsersätze zur *Missa Mundi*
– die großen Orchestermessen von Heinrich Isaak bis Robert Stolz

Es war wohl auch ein bisschen Protest dabei, als ich das beim Faschingsfest des Domchores vorlas. Die allererste Idee war die Missa Ich gähnt' an einem Morgen (nach der Messe Ich stund' an einem Morgen von Jacobus Gallus) – der Domkapellmeister gab zum Kyrie dieser Messe den Einsatz und einer der Tenöre riss den Mund zu einem umfassenden Gähnen auf.

Programm für die Wiener Dommusik 1974/75

So, 15. September	Vinzenz Goller: *Loreto-Messe* Motette: *Darf ich bitten, dass wir beginnen*
So, 22. September	Stefano Bernhardini: *Missa primitivi toni* Motette: *Deus ex machina*
So, 29. September	Giovanni Battista Casali: *Süße Messe in G* Motette: *Mit Engels- und mit Katzenzungen* von Lindt & Sprüngli
So, 6. Oktober	Choralamt: Introitus von Goller, Graduale und Offertorium von Haller, Communio von Karl Walter, Entlassung von Schinkele
Sa, 12. Oktober 7 Uhr 58	Fest des Hl. Impotenz und Gefährten Peter Griesbacher: *Missa sine populo*
So, 13. Oktober	Jacob Handl: *Missa Ich gähnt' an einem Morgen*; Motette: *Heu mihi, Stroh tibi*
So, 20. Oktober	Hans-Leo Hassler: *Missa untersecunda* Motette: *In flagranti*
Sa, 26. Oktober	Staatsfeiertag, *Missa Sub auspiciis praesidentis* von Schiachkläger
So, 27. Oktober	Johann Jeremias Fux: *Klosterneuburger Messe* (in der beliebten praktischen Bearbeitung von einem unbekannten Meister des frühen 20. Jahrhunderts für Ziehharmonika, Basstuba und Maultrommel)
Fr, 1. November	Allerheiligen, Joseph Haydn: *Disharmonie-Messe*

Sa, 2. November	Uraufführung: Anton Wesley: *Trauermusik*, zusammengestellt aus verschiedenen klassischen Messen unter gebührender Verwendung des 18-Achtel-Taktes
So, 3. November	Joh. Seb. Bach: aus der Kantate *Ich hab' genug*
So, 13. November	Joh. Seb. Bach: aus der Kantate *Ich hab' wirklich genug*
So, 20. November	Joh. Seb. Bach: aus der Kantate *Ich hab' wirklich endgültig genug*
So, 24. November	Vinzenz Goller: *Messe zu Ehren des heiligen Wunibald*; Motette: *Circulus vitiosus est nostri*
Do, 28. November	Fest der Erweckung des Domkapitels Suriano: *Missa sine attentione*
So, 1. Dezember	Jacobus Gallus: *Missa Da möcht' man in ein Loch versinken* Motette: *Corpus delicti habemus*
So, 8. Dezember	*Missa solemnis* – wieder einmal – von Vinzenz Goller Offertorium: *Diffusa est vox mea*
So, 15. Dezember	Lechtaler: *Missa Faulenz faulebo* Motette: *Macht hoch die Tür, tragt ab den Hugel*
Di, 17. Dezember	Fest der Hl. Catapultus und Catapilla Anonymus: *Missa senza tempo e articolazione*
So, 22. Dezember	Messe mit Bach-Chorälen Einzug: *Wir wachen oder schlafen ein* Graduale: *Komm, o Tod, du Schlafes Bruder* Nach der Predigt: *Mein G'müth ist mir verwirret* Zur Kollekte: *Es kostet viel, ein Christ zu sein* Communio: *Gottlob, es geht nunmehr zum Ende* Auszug: *Kommt wieder aus der finstern Gruft*
Di, 24. Dezember, 16 h	Josef Penetrantius Wöss: *Vesperae Solemnae praelatis et proletis*
Mi, 25. Dezember, 10 h 16 h	W. A. Mozart: *Entwöhnungsmesse* Johann Dentist Gänsbacher: *Vesperae de Compressore*

Do, 26. Dezember	Joseph Haydn: *Erschöpfungsmesse* Offertorium: *Negligerunt Apostoli Stephanum*
So, 29. Dezember	Krambambulitzki: *Simultanmesse in E- und Es-Dur*; Motette: *O quam schmierabile*
Mi, 1. Jänner	Orlando di Lasso: *Missa A fonds perdu* Motette: *In vino veritas*
So, 5. Jänner	Jacobus Goller: *Missa O wär' ich doch im Bett geblieben*; Motette: *Dulce est Campari*
Mo, 6. Jänner	Joseph Haydn: *Nikolo-Messe* Motette: *Delirium tremens non abest*
So, 12. Jänner	*Messe in B* von Bernabei
So, 19. Jänner	*Messe in A* von Adabei
Sa, 25. Jänner	Fest des Hl. Ignorantius von Jedlersdorf Vinzenz Gallus: *Missa in somno capituli*
So, 26. Jänner	Ernst Tittel: *Keine Festmesse in C*
So, 2. Februar	*Missa in L* von Canniciari
So, 9. Februar	*Missa in M* von Kann-no-immer-nit-tschari
So, 16. Februar	A. Wesley: *Missa super Di-riii-ri-rall-la-la* Motette *In dubio pro reo*
So, 23. Februar	Karl Koch-nur-mit-Wasser, *Messe in E 2* Motette: *Cervelat anima mea*
So, 2. März	Thomas Luis de Vittoria: *Missa a capella*
So, 9. März	Thomas Luis de Vittoria: *Missa zwa capellas*
So, 16. März	Thomas Luis de Vittoria: *Missa Acapulco*
So, 23. März	Palmsonntag: Antiphon *Bramburi Hebraeorum* von Haller; *Missa nebulosa* von V. G.
Do, Fr, Sa, 8 h	*Impertinerien* von Aqua Witt
Ostersonntag, 30. März	Da einige Tenöre schon um 11.30 h im Rundfunk sein müssen, singen wir die *Eilig-Messe* von Joseph Haydn.
Ostermontag, 31. März	W. A. Mozart: *Ratzenmesse*
So, 6. April	Ernst Tittel: *Epigonalmesse in G*

Motette: *Post dies octo januis clausis*;
anschließend die deutsche Fassung
Als das Postamt acht Tage zu war

Sa, 12. April	Hochfest 1. Klasse des Heiligen Sparefroh Bartolomeo Inflazioni: *Missa sine nervus rerum*
So, 13. April	Choralamt für den Dommusikverein
So, 20. April	Finanzamt für den 1. Bezirk
So, 27. April	Orlando di Verlasso: *13stimmige Messe Divide et impera*; Motette: *Dixit episcopus nonsens*
Do, 1. Mai	Tag der Arbeit; Motette *Dolce far niente*
So, 5. Mai	Wolfgang Amadeus Christoph Willibald Johann Sebastian Goller: *Desperado-Messe* Anton Bruckner: Motette *Locus triste*
Bitttage 6. bis 8. Mai Mo, 6. Mai, 6 Uhr 44 Di, 7. Mai, 6 Uhr 44	Das Domkapitel schläft im Stehen; den Chormitgliedern wird Kaffee serviert. Das Domkapitel wird auf Tragbahren hereingebracht; die Chormitglieder erhalten Traubenzucker.
Mi, 8, Mai, 5 Uhr 30	Das Domkapitel hört sich die Litanei im Radio an; die Chormitglieder bekommen einen Vitaminstoß injiziert.
Do, 9. Mai Christi Himmelfahrt	Die jährliche Festwochenveranstaltung wird wegen der großen Publikumsnachfrage auch heuer wieder um 4 Uhr 45 absolviert. Joseph Haydn: *Rabaukenmesse* Motette: *Veni, vidi Woody Woodpecker* Wegen der Überanstrengung aller Beteiligten während der Bitttage wird mit gnädigem Beschluss des Domkapitels ein vorzeitiges Ende des Arbeitsjahres gewährt; daher bleibt nur noch eine Veranstaltung zu singen:
Fr, 10. Mai	Papst-Tedeum: Beim Einzug: *Ecce, na servas* von Weirich Camembert Crachmanninof: *Te deum jaulamus* Motette (ein letztes Mal vom hl. Vinzenz Goller): *Heureka Carmina Halleluja*

Die etwas andere Festankündigung

In grauen Vorzeiten – also in den 1960er Jahren – gab es in der katholischen Liturgie noch immer den alten Brauch, am Ende des Hauptgottesdienstes am 6. Januar die beweglichen Feste des kommenden Jahres feierlich vorzusingen. Das hatte seine Ursache darin, dass früher das »gewöhnliche Volk« kaum Kalender benützte oder gar die nötigen Tabellen hatte, um den Ostertermin zu berechnen. Der Brauch ist heutzutage weithin verschwunden. Das war auch im Stephansdom so, bis er Mitte der 1980er Jahre wiederbelebt wurde. Die sehr ausladende Melodie – vom Typ her eine Präfation – ist die des Exsultet, also des feierlichen Gesanges nach dem Entzünden der Osterkerze in der Osternacht. Darauf bezieht sich das »Insultet« im Titel meiner Parodie.

Die Idee zu meiner Adaptierung kam mir, nachdem ich einmal an einem 6. Januar einen Diakon nach wenigen Sätzen mitten im Gesang der Festankündigung stoppen musste. Als Kirchenmusiker hat man im Januar natürlich gegenwärtig, ob Ostern früh oder spät liegt. Als ich den Ostertermin hörte, war mir klar, dass da gerade auf feierliche Weise die Termine des eben abgelaufenen Jahres vorgesungen wurden. Ich ging nach vorne und brachte den verdutzten Diakon mit eindeutigen Gesten dazu, mit einem etwas uneleganten Fade-out zu verstummen. Was bei mir die Frage aufwarf: Würde es denn jemand bemerken, wenn man einmal ein bisschen abwiche bei der Beschreibung der Feiertage?

Die etwas andere Festankündigung

Lie-be Brüder und Schwe-stern, heute ist die Herrlichkeit Chri-sti er-schie-nen:

ihr strah-len-der Glanz blendet euch ge-wiss so sehr, dass ihr im Kalender

nichts er-ken-nen könnt, und deshalb singe ich euch jetzt alles vor,

was ihr oh-ne-hin___ wisst. Nach dem Fest seiner Geburt schauen wir aus

nach der höchsten Fei-er des Jah-res, den drei Ta-gen der heiligen Woche,

vornehmlich dem grü-nen Don-ners-tag, der immer gefolgt wird von

ei-nem blau-en Mon-tag. Da-rum künde ich euch als erstes

das Fest al-ler Fe-ste an am 31. März den Hei-li-gen O-ster-tag,

an dem wir nach from-mem Brauch ver-ste-cken un-se-re Ei-er.

Da-vor be-gehen wir die vierzig Tage der österlichen Buß-zeit;

sie beginnen am 13. Fe-bru-ar mit einem opu-len-ten Her-rings-schmaus.

Nach dem Hochfest der Erlösung schenkt uns der Herr die 50 Ta - ge

der O - ster - zeit; sie bringen uns ein erstes langes Wo-chen - en - de

am neun - ten Mai und ein zweites am drei - ßig - sten Mai.

So be- reitet uns die Kirche in ihrer Weisheit vor auf die gro-ßen Fe - ri- en.

Sie brin-gen uns eine wun-der-sam ein-ge-schränk-te An-zahl an Got-tes-diens-ten

und vor allem erfreulich wenig Gelegen-heit zur hei - li - gen Bei - chte.

Da -nach beginnen wir die langwierige Herbstzeit mit der Feier des 22. Sonn-tags

im Jah - res - kreis am 1. Sep-tem - ber und es folgt dann der drei-undzwanzigste,

vier - undzwanzigste, fünf - undzwanzigste, sechs - undzwanzigste,

sie - benundzwanzigste, acht-undzwanzigste, neun -undzwanzigste, drei- ßigste,

25

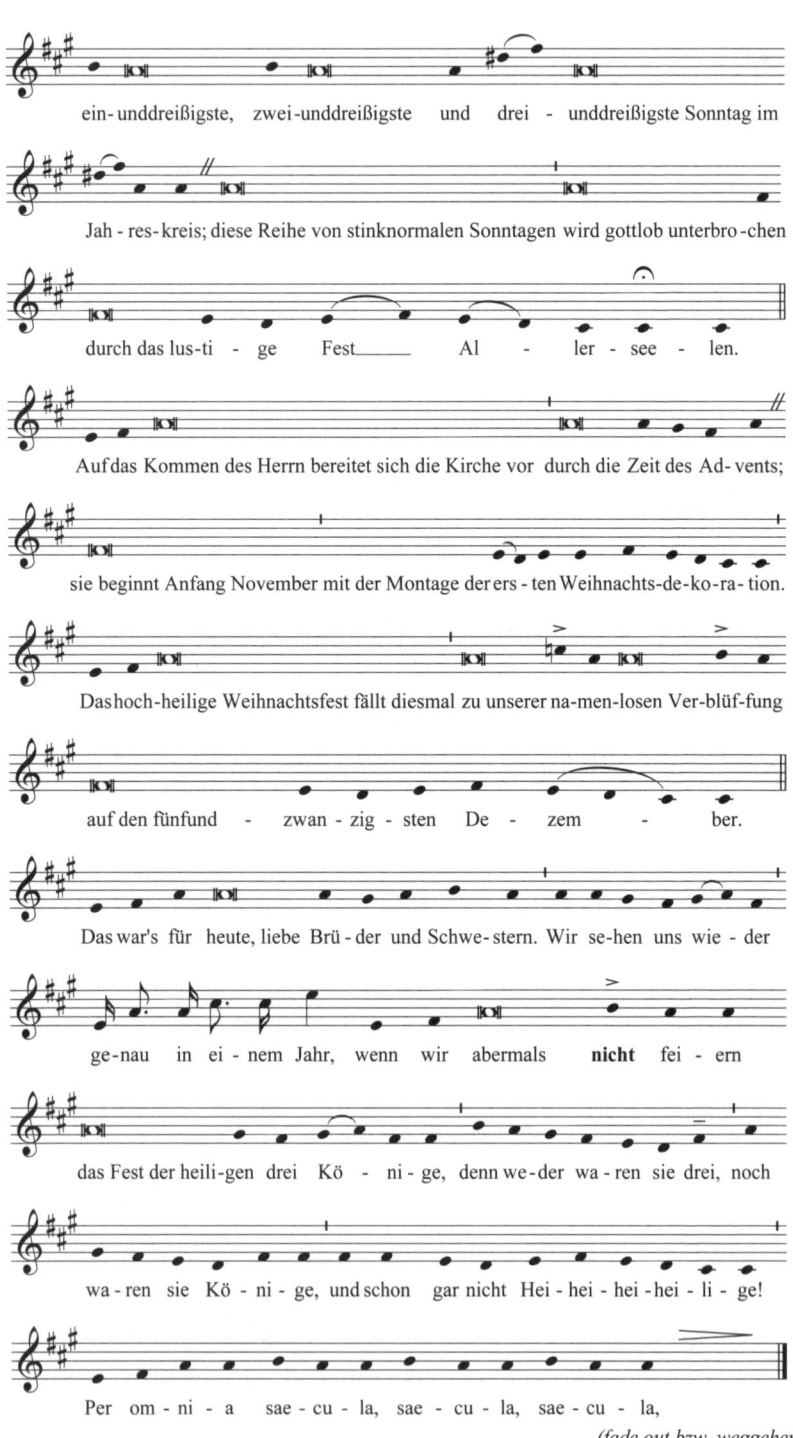

ein-unddreißigste, zwei-unddreißigste und drei - unddreißigste Sonntag im

Jah - res-kreis; diese Reihe von stinknormalen Sonntagen wird gottlob unterbro-chen

durch das lus-ti - ge Fest___ Al - ler - see - len.

Auf das Kommen des Herrn bereitet sich die Kirche vor durch die Zeit des Ad- vents;

sie beginnt Anfang November mit der Montage der ers - ten Weihnachts-de-ko-ra- tion.

Das hoch-heilige Weihnachtsfest fällt diesmal zu unserer na-men-losen Ver-blüf-fung

auf den fünfund - zwan - zig - sten De - zem - ber.

Das war's für heute, liebe Brü - der und Schwe-stern. Wir se-hen uns wie - der

ge-nau in ei - nem Jahr, wenn wir abermals **nicht** fei - ern

das Fest der heili-gen drei Kö - ni - ge, denn we-der wa - ren sie drei, noch

wa - ren sie Kö - ni - ge, und schon gar nicht Hei - hei - hei -hei - li - ge!

Per om - ni - a sae - cu - la, sae - cu - la, sae - cu - la,

(fade out bzw. weggehen)

26

Richtlinien für Chorproben

Gemeinsame Kommission für Chorwesen des BMfUK (Bundesministerium für Unterricht und Kunst) und der Österreichischen Kirchenmusikkommission

§ 1 Wesen der Chorprobe

Eine Chorprobe ist grundsätzlich ein soziales Ereignis, das dem Austausch von Neuigkeiten zwischen den Chormitgliedern dient und dem Chor die ständige Kontrolle des Chorleiters ermöglicht. Außerdem ist sie die wichtigste Gelegenheit, dem Chorleiter Vorschläge und Anregungen bezüglich der Auswahl der Werke (vgl. § 11) und ihrer Interpretation (vgl. §§ 12 und 13) zu machen. Auf mehrmaliges Verlangen des Chorleiters kann in begründeten Fällen auch das eine oder andere Stück gesungen (!) werden, vorausgesetzt, dass dadurch die statutengemäßen Redezeiten auf nicht weniger als die Hälfte der Gesamtprobendauer verkürzt werden.

§ 2 Besuch der Chorprobe

Der Besuch der Probe ist für den Chorleiter verpflichtend, für die Chorsänger im Allgemeinen freiwillig. Ein allzu rigoroser Zusammenhang zwischen Mitwirkung an Aufführungen und Probenfrequenz ist nicht zu empfehlen, jedoch sollte als Faustregel gelten: Ein Chorsänger, der bei fünf Aufführungen gefehlt hat, darf bei der nächsten Probe nicht mitsingen.

§ 3 Beginnzeit

Die angesetzte Beginnzeit der Probe ist für den Chorleiter verbindlich, für die Chormitglieder ein ungefährer Anhaltspunkt. Ein gleichzeitiges Eintreffen aller Chorsänger ist unbedingt zu vermeiden, da auf diese Weise der einzelne in einer anonymen Masse untergehen und seine Persönlichkeit in ihrer Entfaltung gehemmt werden könnte. Vielmehr empfiehlt sich ein gestaffeltes Eintreffen im Probenlokal, wobei sich Abstände von etwa drei Minuten als besonders günstig erwiesen haben. Bei jedem neuen Probenlokalbetretungsfall wenden sich die bereits versammelten Chormitglieder kurz dem Neuankommenden zu und diskutieren darauf unter sich die Tatsache der Verspätung, die vermutliche Ursache für die Verspätung und gehen dann noch zumindest im groben Zügen auf den Verspätungsgrad des Betreffenden im Allgemeinen ein. Der Chorleiter setzt währenddessen die Probe unbeirrt fort.

§ 4 Dauer der Probe

Die Dauer der Probe liegt im Ermessen des Chores. Sollte der Chorleiter die Probe früher beenden wollen, so hat ihn der Chor nachdrücklich an seine Verpflichtung zum Weiterproben zu erinnern. Für den unwahrscheinlichen Fall, dass der Chorleiter über das festgesetzte Ende der Probenzeit hinaus weiterproben will, so kann ihm der Chor dies ausnahmsweise gestatten; in diesem Fall wartet der Chor in einer vorher bestimmten Gaststätte auf den Chorleiter, bis dieser die Probe allein zu Ende dirigiert hat.

§ 5 Ziel der Probe

Eine Probe gilt definitionsgemäß als geglückt, wenn
a) mindestens die Hälfte der Sänger einer jeden Stimmgruppe mindestens ein Drittel der Probenzeit anwesend war,
b) mindestens ein Drittel der Sänger einer jeden Stimmgruppe nach der Probe weiß, was bei der nächsten Aufführung gesungen wird,
c) nicht mehr als die Hälfte der für die darauffolgende Aufführung angesetzten Musikstücke vom Programm abgesetzt werden muss.

§ 6 Durchführung der Probe

Bei der Probenarbeit hat der Chorleiter die kommunikativen Bedürfnisse der Chorsänger in angemessener Weise zu berücksichtigen. Sollte es jemals nötig sein, das Singen zu unterbrechen, dann hat er das Ergebnis der dadurch notwendigen Diskussion in Ruhe abzuwarten und erst auf Ersuchen des Chores seine persönliche Meinung über Ursache und Zweck der Unterbrechung bekannt zu geben. Er achte dabei streng darauf, mit seiner Darstellung weder eine Stimmgruppe noch etwa einen einzelnen Chorsänger persönlich anzugreifen, sondern bemühe sich, sein eigenes Versagen gebührend herauszustreichen. Danach wird im Chor über die Fortsetzung der Probe abgestimmt, wobei das Reststimmenverfahren anzuwenden ist.

§ 7 Wiederaufnahme der Probenarbeit

Wenn nach einer Unterbrechung der Probenarbeit wieder weitergesungen werden soll, spricht sich der Chorleiter mit den Chorsängern ab, an welcher Stelle eingesetzt werden soll. Keinesfalls genügt es, einfach irgendeine Taktzahl anzusagen, da auf diese Weise ja die Kommunikationsvorgänge (vgl. § 1) innerhalb des Chores gestört würden. Vielmehr tritt der Chorleiter vor jeden Sänger hin und gibt jedem einzelnen mit freundlicher Stimme die betreffende Taktzahl bekannt, auf Wunsch auch mehrmals.

§ 8 Ablauf der Probe

Die Probenarbeit beginnt grundsätzlich stets mit dem Kyrie der nächsten für eine Aufführung angesetzten Messe; die vereinzelt anzutreffende Unart mancher Chorleiter, aus Unsicherheit mit einem anderen Stück der Messe zu beginnen, ist wegen der dadurch auftretenden psychischen Belastung der Chorsänger strikt abzulehnen. In krassen Fällen sollen einzelne Sänger dadurch so verwirrt worden sein, dass sie beim nächsten Hochamt gleich zu Beginn das Sanctus aufgeschlagen haben.

§ 9 Unterstützung des Chorleiters

Der Chorleiter soll etwa alle fünf Minuten der Anteilnahme des Chores an seiner schwierigen Arbeit versichert werden. Am besten geschieht das durch einen aufmunternden, deutlich hörbaren Seufzer. Der Chorleiter ist angehalten, diesen Seufzer mit einem dankbaren Lächeln zu quittieren und in angemessenen Abständen zurückzuseufzen.

§ 10 Vermeidung von Störungen des Chorleiters

Der Chorleiter darf bei seiner schwierigen Leitungsaufgabe nicht dadurch gestört werden, dass ihn die Chorsänger herausfordernd anblicken. Dies gilt besonders für heikle Stellen wie Einsätze, Tempowechsel, Fermaten und Schlussakkorde; jeder Blick kann hier zur Katastrophe führen, wenn sich der Chorleiter beim Studium der Partitur beobachtet fühlt. Deshalb ist – insbesondere in den angeführten Fällen – jeder Blickkontakt zu vermeiden; es wird darüber hinaus empfohlen, zur Vermeidung unbeabsichtigter Augenreflexe die Noten immer in Stirnhöhe zu halten.

§ 11 Auswahl der zu probenden Werke

Die Auswahl der Werke nimmt der Chorleiter nach Rücksprache mit jedem einzelnen Chormitglied vor, weshalb er mit der Programmierung stets mindestens drei Jahre vor der jeweiligen Aufführung beginnt. Das so von ihm erstellte Programm hat nur Vorschlagscharakter und kann jederzeit mit einfacher Chorstimmenmehrheit geändert werden. Vorschläge aus dem Chor brauchen auf Nebensächlichkeiten wie etwa die liturgische Zuordnung der Stücke keine Rücksicht nehmen; derlei die Sache verkomplizierende Planungskriterien sind ausschließlich Privatsache des Chorleiters, die mit den wirklich essentiellen Motiven für die Werkauswahl nichts zu tun haben und daher von den Chorsängern unberücksichtigt bleiben können.

§ 12 Interpretationsfragen

Der interpretatorische Ansatz des Chorleiters kann zwar in manchen Fällen zur Meinungsbildung innerhalb des Chores beitragen, soll aber die Arbeit eines erfahrenen Chores nicht ungebührlich einschränken. Es ist daher nötig, dass nach jedem zur Gänze durchgesungenen Stück jeder Chorsänger sofort und ohne falsche Scham seine Einwendungen bekannt gibt, insbesondere, was die Tempowahl betrifft. Der Chorleiter nimmt diese Korrekturen dankbar entgegen und berechnet während der folgenden Diskussion still für sich das Durchschnittstempo, das sich durch einfache Division der vorgebrachten Metronomangaben durch die Anzahl der anwesenden Chormitglieder ergibt. Sollte dieses demokratische Verfahren keine Lösung der Tempofrage ergeben, so dirigiert der Chorleiter beim nächsten Versuch erst ab dem zweiten vollen Takt, bis er das vom Chor angeschlagene Tempo sicher aufnehmen kann.

§ 13 Dauer der Notenwerte

Der Chorleiter muss sich jederzeit genau an die gedruckten Notenwerte halten. Die Eigenart mancher Dirigenten, schwarz auf weiß gedruckte Notenwerte verkürzt singen zu lassen und dafür noch fadenscheinige, pseudowissenschaftliche Begründungen zu geben, wird nicht länger toleriert. Insbesondere bei Einschnitten in einem Werk oder bei Schlussakkorden hat die gedruckte Note in jedem Fall Vorrang vor allfälligen individuellen Sonderwünschen des Chorleiters. In hartnäckigen Fällen kann der Chor durch deutliches Aussprechen der Schlusskonsonanten den Chorleiter auch bei der Aufführung darauf hinweisen, dass er in Bezug auf die Länge der Note wieder einmal im Irrtum war.

§ 14 Neueinstudierungen

Bei neu einzustudierenden Werken, insbesondere bei solchen aus dem 20. Jahrhundert, ist der Chor verpflichtet, spätestens nach sieben Takten – bei sehr langsamem Tempo spätestens nach vier Takten – ein wohlabgewogenes Urteil über Brauchbarkeit und künstlerischen Wert des Stückes abzugeben. Die private Ansicht des Chorleiters kann dabei unberücksichtigt bleiben, da er zumeist durch zu lange Beschäftigung mit dem Werk nicht mehr jenen Abstand davon hat, der die unbedingte Voraussetzung für ein einigermaßen objektives Urteil ist.

§ 15 Notenmaterial

Das Notenmaterial ist schonend zu behandeln und darf nicht durch undeutliche Bleistifteintragungen im Wert gemindert werden. Eintragungen dienen zwar nicht der Sache, sondern nur den eigenwilligen Vorstellungen des Chorleiters. Wenn aber in Ausnahmefällen Eintragungen unumgänglich sind, so ist erstens darauf zu achten, dass die nötige Vielfalt gewährleistet bleibt, indem sich jeder Sänger etwas anderes einträgt; die hierfür nötigen Absprachen sind während der jeweils nächsten Viertelpause stimmenweise untereinander vorzunehmen. Zweitens sollen solche Eintragungen mit kräftigem rotem oder grünem Filzschreiber vorgenommen werden. Nur so kann ein unkünstlerisches Neu-Überdenken der ein für alle Mal gewonnenen interpretatorischen Erkenntnisse unterbunden werden.

§ 16 Beschriftung der Stimmen

Es ist verboten, den vollen Namen auf die Stimmen zu schreiben. Noten sind viel zu kostbar für derlei unnütze und egozentrische Manifestationen. Es genügt ein möglichst unleserlicher Kürzel aus den Anfangsbuchstaben (noch besser: aus den Endbuchstaben) des Vor- und Familiennamens des Sängers. Auf diese Weise bleibt die Privatsphäre des Chorsängers respektiert und die letzten Minuten vor einer großen Aufführung können durch Suchen der jeweils eigenen Noten viel besser genützt werden, als dies durch bloße Konzentration auf das erste Stück der Fall wäre.

§ 17 Mitnahme von Noten

Es ist weiterhin gestattet, Noten unter dem Vorwand des Heimstudiums mit nach Hause zu nehmen, vorausgesetzt, der Chorsänger achtet darauf, die Noten keinesfalls zur betreffenden Aufführung mitzunehmen. Als Rückgabetermin empfiehlt sich die viertübernächste Probe oder die drittübernächste Aufführung. Dadurch bleiben die Notenwarte in Übung und die Spinnwebenbildung in den Kästen wird gering gehalten.

§ 18 Probenplan

Der Probenplan ist ein ehrwürdiges Dokument, das vom Charakter her nur unwesentlich unter einem bischöflichen Hirtenwort rangiert. Deshalb ist der Probenplan auch sofort nach Erhalt in einem Umschlag zu versiegeln und an sicherer Stelle aufzubewahren, am besten zusammen mit den Wert- und Schmucksachen. Keinesfalls ist er zum ständigen Gebrauch oder zum würdelosen wöchentlichen Nachprüfen der nächsten Chortermine bestimmt. Die Termine kann jeder Chorsänger viel praktischer während des Singens von seinem Nachbarn erfahren oder – noch authentischer – vom Chorleiter drei Minuten vor Beginn einer Aufführung.

§ 19 Solistische Aufgaben

Solistische Aufgaben kleineren Umfangs sollen nach Möglichkeit nicht vom Chorleiter vergeben werden, sondern unter Nutzung des Selbstbestimmungsrechtes innerhalb der Stimmgruppen abgesprochen werden (für größere solistische Aufgaben ist diese Vorgangsweise ohnehin verpflichtend). Nur so ist gewährleistet, dass alle Sängerinnen und Sänger einer Stimmgruppe, unabhängig von ihrer stimmlichen und musikalischen Eignung, gleichmäßig oft solistisch hervortreten können. Außerdem wird der Chorleiter dadurch zu erhöhter Konzentration angehalten, da er ja erst beim jeweiligen Einsatzton erfährt, wer ein bestimmtes Solo singt.

§ 20 Periodische Eignungsprüfung des Chorleiters

Mindestens einmal pro Vierteljahr setzt der Chor ohne Wissen des Chorleiters eine so genannte Extremprobe an; diese dient der regelmäßigen charakterlichen und fachlichen Weiterentwicklung des Chorleiters sowie seiner fortlaufenden Schulung im Umgang mit Extremsituationen. In der letzten regulären Probe vor der fälligen Extremprobe werden durch das Los mindestens 20 Freiwillige bestimmt, die beim nächsten Probentermin verbindlich nicht erscheinen; nur so können die für die Entwicklung des Dirigenten nötigen didaktischen und psychologischen Bedingungen wirklichkeitsgetreu simuliert werden. Über das Verhalten des Chorleiters während der Extremprobe erstellen die nicht anwesenden Chorsänger ein Gutachten, das im folgenden Quartal bis zur nächsten Extremprobe als Grundlage für die Kommunikation mit dem Chorleiter dient.

Programm der Orgelmusik am 3. Oktober 1979

Zu meinem 150. Orgelkonzert im Stephansdom wollte ich etwas Ungewöhnliches machen und erfand dafür das Gesamt-Parodie-Konzert (erfand es für mich – die Idee war sicher nicht völlig neu). Nur die Improvisation war nicht-parodistisch, was ein ziemlicher Bruch in dem Ganzen bedeutete; dies war mir aber vorher nicht bewusst geworden. Und an und für sich bestand ja alles aus Improvisationen... Leider verließen nach etwa einer Viertelstunde einige Leute mit allen Anzeichen starker Verärgerung den Dom, weil sie einer solch gröblichen Verletzung der Heiligkeit des Ortes nicht länger beiwohnen wollten. Es liegt allerdings genauso gut der Verdacht nahe, dass jene sich über sich selbst geärgert hatten, da sie trotz glucksendem Gelächter ringsherum erst so spät bemerkten, dass es sich um ein Orgelkonzert der völlig anderen Art handelte. Für das Ende der Reger-Parodie hatte ich übrigens eine besondere Überraschung vorbereitet. Ich hatte einen Hornisten auf die Empore geschmuggelt und ihm strengstens verboten, sich einzublasen. Kurz vor den tosenden Schlussakkorden blieb ich, ganz à la Reger, im Pianissimo auf dem Dominantseptakkord stehen und ließ den Hornisten die Naturtonreihe einmal rauf und runter spielen – mit allen technisch möglichen Gicksern und Nebengeräuschen. – Es war atemberaubend.

Peter Planyavsky – seit genau zehn Jahren Domorganist. Er studierte an der Wiener Musikhochschule und war 1966 und 1967 völlig fertig. Nach kurzen Lehr- und Wanderjahren trat er am 7. Oktober 1969 den Dienst allhier an und hat seither 9124 Messen, 2862 Andachten und 388 Hochzeiten gespielt, außerdem noch 149 ganz seriöse Orgelabende. Nach diesen 149 ganz seriösen Orgelabenden gibt es heute ausnahmsweise eine Unterbrechung, für die der Domorganist besonders die Nicht-Stammbesucher um Verständnis bittet. Planyavsky hat auch anderswo ein paar Konzerte gegeben, zum Beispiel in Australien, USA, Landeck, Japan, Südafrika, Kanada sowie – mehrere Male! – in der Namen Jesu-Kirche in Wien-Meidling. Sogar Schallplatten hat Pla...

Robert Clochard de Nouvelle Orleans
(1735–1812)

Aus dem *Devier Livre d'Orgue*
– Maria Plein Jeu
– Dialogue sur les Corneaux et
les Pompardeaux
– Flûte à Que-bec
– Recit des Hautboys et des
Hautgirls
– Les Gras Jeux

Jan Beelzebub Sweelinek
(1643–1720)

Aria *Meyne Freide iss gross*

Joh. Seb. Bach
(1685–1750)

Nr. 9
aus den *Acht kleinen Präludien
und Fugen*, BWV 560, 9

Joh. Gottfried Walther
(1684–1748)

*Concerto h-Moll del Sigr.
Schumann*
Moderato – Largo – Molto vivace

Max Reger
(1873–1916)

Choralfantasie op. 135 t über das
Lied *Stör mich nicht mit deinem
Horn*

Peter Planyavsky
(geb. 1947)

Improvisation

35

Einer der interessantesten französischen Barockmeister ist **Robert C. de Nouvelle Orleans**, nicht nur deshalb, weil er gar nicht in der Barockzeit lebte, sondern weil er auch kein Franzose war. Als Bürger von New Orleans verband er Einflüsse aus der Negro- und Bluesmusik mit den Formen der messe basse; dazu kommt noch, dass seine Mutter aus dem Salzburgischen stammte (vgl. Maria Plein Jeu!). Als New Orleans 1762 an Spanien abgetreten wird, geht R. C. aus Protest in das weiterhin französische Kanada (Flûtes à Que-bec!), wo er später ausgedehnte Reisen durch die Prärieprovinzen unternimmt und die Musik der Indianer in seinen Stil integriert. 1812 stirbt er, obwohl Ehrenhäuptling des Yippieyippie-Stammes, aus Gram über die Umwandlung Louisianas in einen US-Bundesstaat.

Erst kürzlich konnte die Musikwissenschaft das sogenannte **Sweelinck**-Paradoxon aufklären. Immer schon gaben die zwei so grundverschiedenen Stile im Schaffen des ehrwürdigen Niederländers Anlass zur Kontroverse; jetzt endlich hat man entdeckt, dass es zwei Komponisten sind, die eben verschieden schreiben. Die Probleme kamen aus der Ähnlichkeit in den Namen; der neuentdeckte Komponist ist der böhmische Kleinmeister Jan Beelzebub Sweelinek (sic! –ek!). Aufgrund der mangelhaften Drucktechnik der damaligen Zeit war irgendwann der vorletzte Buchstabe Sweelineks als c herausgekommen und dann immer wieder so verbreitet worden; um Geburts- und Sterbedaten kümmerte man sich damals kaum, und den auffallenden zweiten Vornamen hatte schon viel früher ein frommer Abschreiber einfach weggelassen – wegen, wie er anmerkt,»meynes und Dess verehrungs Würdicksten Lesers Seelen-Heyle«. Hier ist also Jan B. Sweelineks *Aria Meyne Freide iss gross* (schon aus der offenbar phonetischen Orthographie unschwer als böhmisches Produkt zu erkennen), ein auch heute noch durchaus bekanntes Lied bzw. ein Contrafakt (= geistliche Umdichtung zur selben Melodie) dazu. – Über S.s Leben wissen wir wenig, außer dass er Domorganist in Mährisch-Wrplcz war; zu seinem zehnjährigen Dienstjubiläum hat er denn wohl auch schon ein dann dieses Variationswerk komponiert.

Bislang von den Gralshütern eines allzu hehren **Bach**-Bildes mühsam vor der Veröffentlichung bewahrt, sei hier zum ersten Mal das 9. aus den *Acht kleinen Präludien und Fugen* ans Licht gebracht. Die leidige Frage, ob der Zyklus von Bach, Krebs, Schweitzer oder Schostakowitsch komponiert worden ist, sei hier nicht schon wieder erörtert; eher könnte man vermuten, es könne sich bei Nr. 9 um eine Art Quodlibet handeln, das noch dazu unvollendet ist. Der Komponist zitiert jedenfalls ausgiebig aus den anderen acht Stücken – auch aus anderen Bach-Werken – und dann zitiert er außerdem noch die Zitate, d. h. er zitiert sich im Kreis, und zwar so schnell, dass er knapp vor der Engführung schwindlig wird und das Stück daher nicht vollenden kann. Deshalb kann auch über Taktzahlen und Proportionen nichts ausgesagt werden; nur die Dreizahl, das wichtigste und häufigste Bach-Symbol, ist klar und deutlich anzutreffen, denn das Stück ist auf drei Systemen notiert.

J. G. Walther gilt als Meister der meistens meisterhaften Meisterbearbeitung. Er hat vieles be-, umge- und verarbeitet, so vieles, dass er nicht mehr überblicken konnte, was er wem gest... entlehnt hatte. Dass er ein Violinkonzert von Vivaldi für Orgel um-brachte und es als Komposition eines Herrn Meck ausgab, ist inzwischen bekannt; weniger gespielt wird seine Bearbeitung dreier Sätze von Robert Schumann, die in Wirklichkeit von Frederic Chopin sind. Wie immer geht Walther äußerst geschickt vor und verbessert die schlechten Stellen des Originals; wie immer, verschlechtert er auch gleichzeitig alle guten. Ein echtes Rätsel ist, wie Walther (gest. 1748) Stücke von Chopin (geb. 1810) bearbeiten konnte. Manche Forscher vermuten, dass Chopin der Täter sei und Orgelstücke von Walther für Klavier gesetzt habe, eine These, die aufgrund der Quellenlage als reine Spekulation angesehen werden muss; Telepathie oder Reinkarnation hingegen kann nicht ausgeschlossen werden. Es gilt, was schon Telemann an Richard Wagner (ähnlicher Fall!) schrieb:»Sollen doch Alle immer blos ihr eigenen Stück componieren, dan kumbt solch Thörrichter Unrat niemalen hervor und ißt auch die Tantiemenlage bey weitem Klarer.«

Max Reger, oft zu Unrecht als Meister großer Formen verkannt, hat durchaus auch eine Menge unbrauchbarer kleiner Stücke geschrieben. Aus einer genialen Schlampigkeit heraus komponierte er dieselbe Choralfantasie mehrere Male und änderte immer nur den Cantus firmus. Das originellste Werk dieser Serie ist *Stör mich nicht*; es unterscheidet sich von den anderen durch eine Gesamtdauer von merklich unter 45 Minuten, durch einige versehentlich hineingerutschte Stellen echter Polyphonie und durch ein intellektuelles Niveau (etwa das der *Petersburger Schlittenfahrt*).

Programm der Orgelmusik am 26. Juni 1985

Nachdem es beim 150. Konzert gut angekommen war, veranstaltete ich zum 250. erneut ein Parodie-Konzert (diesmal ohne »eigentliche« Improvisation). Dass ich die Riesenorgel im Stephansdom hier als wahre Wiener Bach-Orgel reklamiere, ist ein Seitenhieb auf die damals ganz neue Bach-Orgel in der Augustinerkirche. Im Vorfeld hatte ich einen kleinen Extraspaß, als mich einer der musikkundigen Domherren beiseite nahm und mir zuraunte: »*Da ist ein witziger Irrtum auf dem Plakat für Mittwoch passiert! Es heißt richtig Clemens non Papa.*« *Als ich zurückraunte, dass das alles teils erfunden, teils parodistisch sei, konnte er sich gar nicht fassen und stieß mehrmals* »*Köst–lich! Köst–lich!!*« *hervor.*

Peter Planyavsky wurde 1947 knapp vor seiner Taufe geboren. Er studierte an der Wiener Musikhochschule weder Trompete noch Gesang und legte 1966 und 1967 in diesen Fächern auch keine Diplomprüfungen ab. Im folgenden Jahr praktizierte er bei keinem Geigenbauer und war 1968/69 auch nicht Gärtner im Stift Schlägl. Völlig verkehrt ist auch die Behauptung, dass der Stephansdom 1969 bei Planyavsky angestellt wurde. Seither hat er 249 Orgelkonzerte keineswegs von sich gegeben, sondern auf sich genommen. Planyavsky ist nicht Professor für Bühnenfechten und Balalaika an der Wiener Musikhochschule, und zwar seit 1980 nicht. Er hat weder in Grönland noch in Buenos Aires und schon gar nicht in Tahiti konzertiert. Es muss auch dementiert werden, dass der Domchor seit fast zwei Jahren Planyavsky leitet. Wahr ist vielmehr!

PROGRAMM

Clemens non Opa
(1480–1529)

Calzona a quattro stagione
Toccata al'Levante

Joh. Esau Traurigthaler
(1617–1668)

Canzona 6 t (im sechsten Ton)
Capriccio blah-blah

Joh. Seb. Bach
(1685–1750)

Toccata, Adagio und Fuge C-Dur
BWV 564
(erste Realisierung der originalen
Registrieranweisungen)

W. A. P. Mozart
(1756–1791)

Aus den *Trompetenuhr-Stücken*
KV deest
– Andante ma non troppo
– Anonkel ma non poco
– Largo ma non Largo
  (*s'Lercherl*)
– Rondo alla Turkey

John Shrimp
(1720–1801)

Choralvorspiel
Götter funken Freude schöner
ShWV 1

Franz Liszt
(1811–1886)

Phantasie und Fuge über B-A-S-F

* * * * *

Zur Deckung der Kosten benötigen wir eine Spende von ca. 15,-
und zwar sofort!

Aus Anlass des Jubiläumskonzertes sollen auch diesmal – wie beim 150. Konzert – einige bemerkenswerte Kuriositäten der Orgelliteratur ans Licht der Öffentlichkeit gelangen.

Clemens non Opa, Vater des besser bekannten römischen Vokalkomponisten Clemens non Papa (ca. 1510 – ca. 1557), hatte sich zunächst ebenfalls der sakralen Polyphonie gewidmet, bis er bei einem Skiurlaub in Innsbruck Paul Hofhaymer, den großen Orgelvirtuosen und Vater aller Koloristen, kennen lernte. Zwei besondere Stilmerkmale sind es, die bei C. n. O. aufhorchen lassen: die enorme Ausnützung des ganzen Klaviaturumfanges (verständlich bei einem zuvor von den Zwängen der menschlichen Stimme eingeengten Komponisten) und die unbändige Freude an Sequenzengängen mit ihren hypnotisierenden Wirkungen (besonders in der Elevationstoccata), denen sich auch Frescobaldi nur mit äußerster Mühe entziehen konnte.

Auf andere Art findet sich die Brückenstellung zwischen Nord und Süd – die inzwischen im Zusammenhag mit österreichischer Orgelmusik etwa 234.000 Mal zitiert worden ist und einen festen Gemeinplatz einnimmt – bei **Johann Esau Traurigthaler**. Er war ein zeitgenössischer Gegenspieler von Johann Jakob Froberger und hat angeblich sogar gegenüber gewohnt. Das Thema

(hier entsprechend dem Original notiert) zeigt durchaus von Froberger abweichende Züge (genauer gesagt, die Abweichung beträgt durchschnittlich neuneinhalb Hilfslinien). Auch in dieser Hinsicht besteht eine Parallele zu Froberger, der seine Graphomanie am Beginn der Stücke austobte, während Traurigthaler mitten *in* der Musik mit optischen Wirkungen zuschlägt. Vielleicht sollte derlei von seiner etwas mangelhaften Beherrschung der satztechnischen Regeln ablenken. Leider gibt es im anderen Stück keine graphischen Besonderheiten, und so fällt die geniale Stupidität des Themas im *Capriccio Blah-Blah* ganz besonders auf – ein echt barocker Versuch, außermusikalische Sachverhalte mit musikalischen Mitteln allegorisch-symbolisch-bildlich-semantisch über- bzw. ummisszuvermitteln.

Nachdem die Yale-University mit sicherem Gespür für die Marktbedürfnisse vor Beginn des **Bach**-Jahres noch rechtzeitig 33 Choralvorspiele des Meisters plötzlich aufgefunden hat, konnte auch die Tagesheimstätte des niederhessischen Landstreicherverbandes in Bergisch-Schunkelbach mit einem aufsehenerregenden Fund zum Thema aufwarten: In ihrem Archiv wurden die von Bachs Hand stammenden Registrieranweisungen zu *Toccata, Adagio und Fuge C-Dur* entdeckt. Ein Kosmos von neuen Erkenntnissen tut sich auf – man wird die Werke des Thomaskantors fortan in neuem Lichte sehen müssen. Das bequeme Durchspielen mit einer Pleno-Registrierung ist ab sofort ein alter Hut. Schon die Passagen am Beginn zeigen deutlich eine dialogische Anlage, die durch nach oben bzw. unten weisende Notenhälse schlüssig ausgewiesen wird. Auch das Pedalsolo gewinnt an Klarheit: Wie schon Griepenkerl vermutet hat, wollte Bach ausdrücklich eine sonor grundtönige Klangfarbe, die schon unmerklich ins Pastose, ja Schlammige geht; insofern kann man behaupten, dass im Stephansdom die eigentliche ideale Wiener Bach-Orgel steht.

Die Echo-Einwürfe hat Bach seinem eigens beim Orgelumbau in Mühlhausen gewünschten Lieblingsregister Fagotto 16' anvertraut. Die erste große Überraschung ist die Toccata selbst: Bach verlangt eine Tierce-en-taille-Registrierung, freilich motivisch differenziert und wohldosiert. Das Adagio gewinnt erst recht neue Dimensionen: Die Solostimme tritt zurück zugunsten der tragischen Seufzermotive in der Begleitung und der symbolhaft-eindringlichen Melodie im Pedal (eine klare Parallele zu *Gelobet seist du, Jesu Christ* im *Orgelbüchlein* oder genauso gut zu *Ach wie nichtig* ebensogutdort). Der rätselhafte Überleitungsteil gewinnt neuen Inhalt durch die vom Meister gewünschte Hervorhebung des bislang kaum beachteten Cantus firmus im Alt. Konsequenterweise wird auch für die Fuge eine entaille-Registrierung gewünscht (2'-Zunge im Pedal); dass hier die Taille gleichsam ganz weit hinaufgerutscht ist, hat natürlich symbolische Bedeutung: Bach hat offensichtlich ein Umstandskleid im Sinn – ganz klar, wenn man bedenkt, dass die Themeneinsätze immer neun Takte (neun Monate) auseinanderliegen. Trotz der klaren Beweislage ist eine genaue Datierung des Werkes auch jetzt nicht möglich, da Bachs Frauen bekanntlich ständig guter Hoffnung waren.

Zu den sehr bekannten Flötenuhrstücken von Haydn gibt es die noch wenig gespielten Trompetenuhrstücke von **Mozart** (offenbar beeinflusst vom »Salzburger Stier«, dem Hornwerk auf der Festung). Klar ist, dass es sich bei dieser Uhr um einen besonders aufwendigen Wecker gehandelt haben muss; unklar ist, auf welches Nachtkästchen dieses Kleinod gestellt worden war; aus den vom Komponisten verlangten Registrierungen ergeben sich für die Trompetenuhr nämlich die Abmessungen von 480 x 293 x 1121 cm.

Dass die direkten Bach-Schüler an den großen Lehrer trotz heftigster Nachahmungsfreudigkeit nicht heranreichten, ist bekannt. Dies gilt nicht nur für Johann Ludwig Krebs, sondern auch für seinen nach Texas ausgewanderten Stiefbruder Johann Fürchtegott K. (in Amerika zu John **Shrimp** anglisiert). Mit einer ehrfürchtigen Naivität lehnt sich John an Bachs Choralvorspiel *Schmücke dich, o liebe Seele* an. Der Cantus firmus ist das Bundeslied der First Atheist Church of South Central Texas, das Beethoven wenig später in einer Symphonie verwendet hat, als er bemerkte, dass seine instrumentalen Mittel erschöpft waren.

Franz Liszt war auch nur ein Mensch (und zwar hauptberuflich!), und so kann man ihm nicht verdenken, dass er den Auftrag annahm, zur Eröffnung eines großen Chemiewerkes ein passendes Orgelstück zu schreiben. Der formale Topos »Phantasie« entspricht dem Virtuosen Liszt; immer wieder die gleichen Facetten gewinnt er mit immer gleicher Meisterschaft dem immer wieder gleichen Thema ab – wie auch in B-A-C-H. Fugen müssen sein, das wussten die Romantiker; aber wie üblich höhlen sie die kontrapunktischen Formen aus, bis sie (etwa bei Max Reger) knirschend zusammenkrachen. Insofern ist Liszt mit seiner Unfuge über B-A-S-F ein Meisterstück der Gesetzlosigkeit gelungen, das durch seine Vorahnungen der *Ungarischen Rhapsodie* (anstelle der Engführung) aufhorchen lässt. Wie sehr Liszt von Abbé Vogler beeinflusst war, kann man – wenn man unbedingt will – selbst nachprüfen, insbesondere durch die Verwendung des Registers »Piffaro ordinaire 2'« am Höhepunkt der chromatisch-esoterischen Aufbauschungsläufe.

Diese Skizze ist zwanzig Jahre alt. Herr D. heißt in Wirklichkeit Klaus Kuchling und ist inzwischen Domorganist in Klagenfurt und mein Assistent auf der Wiener Musikuniversität. Wir erinnern uns beide noch genau an die geschilderte Szene und lächeln immer wieder darüber.

Aus dem Leben eines Orgellehrers

Es ist kurz nach Mitternacht, genauer gesagt 8.10 Uhr, und ich betrete frohgemut die Hochschule für Musik und Darstellende Kunst in Wien, genauer gesagt, jenes Haus, in dem ein Teil der Orgeln der Hochschule zu finden ist. Damit es für die Professoren einfacher ist, sind die Orgeln nämlich an drei verschiedenen Stellen der Stadt gut versteckt worden. Aber über diesen interessanten Aspekt meiner Arbeit kann ich so früh am Morgen noch nicht kreativ nachdenken. Außerdem steht die erste administrative Belastungsprobe bevor: Ich versuche, die Portierloge unauffällig zu passieren. Zu spät! Man hat mich gesehen und zwingt mich mit aufgepflanztem Filzstift, einige wichtige Dokumente zu unterschreiben.

Zunächst ein Dekret aus dem Gesamtkollegium, das wieder einmal beschlossen hat, dass Weihnachten heuer auf den 25. Dezember fallen wird und ich soll es hiermit freundlich zur Kenntnis genommen haben. Dann eine erfreuliche Neuigkeit: die Diplom-, Übertritts-, Kontroll- und sonstigen Prüfungen finden am 13. Mai um 14 Uhr in Zimmer 218 (Loth) statt.»Loth« ist ein Code, der immerhin angibt, in welchem Teil der Hochschule die Prüfungen zumindest beginnen werden; man erfährt allerdings nicht, wie viele Prüflinge erwartet werden und in welcher Reihenfolge die anderen Instrumentenverstecke besucht werden. Aber man ist ja ein alter Hase und weiß, dass die Serie der Orgelprüfungen immer in einem Zimmer beginnt, in dem keine Orgel, sondern ein Cembalo steht. Und genauso wenig wundert man sich, dass heute eben jener 13. Mai ist, an dem dies alles stattfinden soll. Na ja, man wird eben manchmal durch irgendeinen Irrtum schon sehr früh informiert, denke ich, und nehme die Genehmigung meines Urlaubs vom 19. bis 24. April mit einem Seufzer der Erleichterung entgegen. Der übrige Inhalt meines Postfaches ist rasch erledigt: Der liebe Verein der lieben Freunde der lieben Hochschule möchte gerne den Mitgliedsbeitrag mittels eines lieben Einzahlungsscheines von mir haben; die Neuen Wiener Barocksadisten laden mich persönlich (wie auch offensichtlich alle anderen Lehrer, die ein Postfach haben) zu ihrem Debüt ein und wie jeden Tag informieren mich auch heute vier jeweils größte und beste Musiksortimente und -verlage über die letzten 200 Neuerscheinungen. Erschöpft betrete ich das Unterrichtszimmer. Frl. A., pflichtbewusst, übt hier für ihre Orgelstunde. Allerdings kommt sie eigentlich erst um 9 Uhr 15 dran, wo ist Herr B., der seit 8 Uhr hier sein sollte? Frl. A. hat Herrn B. heute noch nicht gesehen. Wann hat sie ihn zuletzt gesehen? Vor langer, langer Zeit. Also gehe ich in den Aufenthaltsraum der Studenten, um am schwarzen Brett nach einer etwaigen Todesanzeige von Herrn B. zu forschen, zumal er auch vor einer Woche nicht zum Unterricht erschienen war. Nichts zu sehen, vielleicht ist Herr B. noch nicht gestorben. Herr C. hingegen lebt, denn er hat mir einen Zettel hinterlassen:»Kann heute leider nicht zum Unterricht kommen, meine Großmutter ist erkrankt. 12. Mai.« Wenigstens ist nun das Rätsel gelöst, wo Herr C. gestern um 16 Uhr war; bis jetzt war nur klar, wo er gestern um 16 Uhr *nicht* war, nämlich in der Orgelstunde. (Die Formulierung, dass seine Großmutter erkrankt sei, ist eines der Ergebnisse der letzten Ausreden- und Entschuldigungen-Konferenz, die ich mit meinen Studenten abgehalten habe, nachdem mir ein Herr Z. bedeutungsvoll erklärt hatte, dass seine Großtante letzte Woche verbrannt sei und er deswegen nichts habe üben können, worauf wir uns intern auf ein Mindestmaß an Plausibilität in puncto Ausreden geeinigt hatten.)

Also: Frl. A. schon da, Herr B. nicht – die erste große pädagogische Entscheidung des noch jungen Tages muss getroffen werden: Soll ich Frl. A. vorzeitig behandeln und dann eine größere Kaffeepause machen oder soll ich sofort ins Café gehen? Ich gebe mir einen Stoß und schicke mich an, das Fräulein zu erledigen. Sie gehört zu den Fleißigen und Stillen im Lande und wir arbeiten mindestens zwei Minuten sehr konzentriert; dann nämlich klopft es forsch, und die Sekretärin der Abteilung für Kirchenmusik teilt mir in jenem freundlich-dezidierten, untergeben-energischen Tonfall, der keinen Zweifel mehr zulässt, mit:»Herr Professor! Ich brauche bitte unbedingt dringend sofort die Kataloge mit den Noten fürs Sommersemester!« In einem ersten Reflex möchte ich mich damit entschuldigen, dass Herr B. verbrannt ist, aber ich besinne mich auf meine Pflichten gegenüber der Republik Österreich, die jetzt gerade durch unsere Sekretärin vertreten wird, und ringe ihr als äußersten Termin heute 11 Uhr ab, womit sich die Frage erledigt, was ich im Café machen werde, während ich auf mein Nusskipferl warte.

Frl. A. spielt ihre drei Choralvorspiele zu meiner ziemlichen Zufriedenheit und verwickelt mich dann in die Frage, was sie dagegen tun solle, dass sie meistens alle Noten richtig spiele, aber dann doch hin und wieder eine einzelne falsch erwische. Da es sich hierbei um eines der großen ungelösten Probleme des Orgelspiels handelt, kann ich nur ausweichende

Antworten geben; auch mich beschäftigt diese Frage ständig, vor allem nach jedem meiner Konzerte. Ansonsten verläuft die Unterrichtsstunde ereignislos. Im Fall Frl. A. bleibt mir das annähernd Schlimmste meines Berufes für diesmal erspart: Ich muss ihr kein neues Stück vorschlagen.

Der Außenstehende macht sich keinen Begriff davon, wie mühsam dieser Teil der pädagogischen Betreuung ist. Man hat 21 Schüler, von denen jeder gerade etwa drei verschiedene Stücke übt. Das gibt 63 Stücke und nach durchschnittlich zwei Wochen muss man weitere 63 Stücke vorschlagen. Bei 33 Unterrichtswochen tritt dieser nervenaufreibende Zeitpunkt also etwa 16mal ein, so dass man 1028 verschiedene Stücke im Köcher haben muss, sofern man nicht alle eineinhalb Wochen wieder dasselbe im Unterricht hören möchte. Nun umfasst das Orgelrepertoire zwar genau 8431 Stücke, von denen man aber etwa ein Drittel kaum kennt – bleiben also 5620 Stücke, von denen jedoch etwa ein Drittel für die Fortgeschrittenen zu leicht und ein weiteres Drittel für die Anfänger zu schwer ist. Womit der Fundus an Stücken auf 1873 Stücke schrumpft; ein Drittel von diesem Drittel kann nur auf dreimanualigen Orgeln gespielt werden und ein weiteres Drittel nur mit einem großen französischen Schwellwerk. Mit den verbleibenden 220 Stücken kommt man bei 21 Schülern, wie jeder leicht errechnen kann, nur dreieinhalb Wochen aus. Das fatale Defizit an für den Unterricht geeigneten Stücken wird allerdings dadurch ausgeglichen, dass nur ein Drittel der Studenten für den Unterricht geeignet ist und nur ein Drittel der Professoren das bemerkt; durch diese wundersame Laune der Natur ist es möglich, dass hunderte Studenten ständig 220 Stücke üben, ohne dass irgend jemand besonders verzweifelt ist. Vollends erledigt sich das Problem dadurch, dass die von uns ausgebildeten Organisten nach dem Willen des Publikums ohnehin nur drei Stücke spielen müssen: die *d-Moll-Toccata*, die *Widor-Toccata* und *Jesu bleibet meine Freude*.

Nach dem solcherart kurzen Abschied von Frl. A. nehme ich die Kataloge aus dem Spind und wandere in Richtung Nusskipferl. Dass es Kataloge sind, erkennt man seit neuestem nur mehr daran, dass es überdeutlich draufsteht. Äußerlich betrachtet, könnte es auch eine Ersatzteilliste für eine bestimmte Waschmaschinenserie oder eine Checkliste für den Start einer Raumfähre sein. Das sehr professionell wirkende Endlosklappblatt flattert hinter mir her. Ich darf sechs Klappblätter haben, eines für »Orgel«, eines für »Improvisation« und eines für »Praktische Übungen zur Harmonielehre«, dazu jeweils ein Duplikat, damit ich zu Hause in besinnlichen Momenten nachsehen kann, wie Herr 98354137 oder Frl. 98377021 von mir beurteilt worden sind. Ich selbst bin Herr Professor 201504, wobei ich hoffe, dass dies nie ins Sozialministerium durchsickert, denn dort kennt man mich nur unter dem Namen 1034470509. Wundersamerweise bedeutet 201504 aber auch »Orgel«; aber nur, wenn *ich* Orgel unterrichte.

Erste Erkenntnis: Fach und Lehrer sind identisch, ein tief berührendes Symbol der Einswerdung von Geist und Materie und so. Für »Praktische Übungen zur Harmonielehre« hat man kein so unüberbietbares Zeichen der Identifikation mit der Person gefunden. 503008, meistens im dritten Jahrgang. Jahrgang? Gibt's nicht mehr, obwohl jeder Student in einem Jahrgang ist. Viel einfacher ist es jetzt dadurch, dass wir bei jeder

Studentennummer die Semesterstufe dabeistehen haben. Ein erklärendes Blatt erleichtert die Sache: Die Semesterstufe muss durch zwei dividiert werden, dann kommt der Jahrgang, den es nicht mehr gibt (obwohl jeder Student nach wie vor in einem ist), heraus; also Semesterstufe 1, 2 = 1. Jahrgang, Semesterstufe 3, 4 = 2. Jahrgang usw. Weil der Computer sehr schnell ist und viel Zeit hat, schreibt er bei jedem einzelnen Studenten im Klartext aus, was er studiert; in jedem Fall steht jedes Mal ASO dabei; das bedeutet wahrscheinlich, dass der Computer jedes Mal den Studentennamen druckt, dann ein bisschen in real time nachdenkt und ihm dann plötzlich – ASO!! – einfällt, was der Kerl studiert. Einige Phantasten behaupten, es sei die Abkürzung für Alte-Studien-Ordnung, da es ab demnächst alte und neue Ordis geben wird. Das erklärende Blatt stößt zum Kern der Sache vor: Die Note ist handschriftlich neben dem Namen des Studierenden einzutragen. (Richtig, wir haben nur mehr Studierende, keine Studenten und Studentinnen, denn sonst könnte man/frau die erklärenden Blätter nicht so klar abfassen.)

Handschriftlich – das bringt so eine menschliche Note in das Endlosklappblatt; meine Eintragungen wirken neben der Computerschrift wie prähistorische Knochen in einem McDonald's-Lokal. Das Notengeben ist jetzt tatsächlich viel einfacher geworden; es gibt mehrere Methoden, deren einfachste ich anwende: Ich dividiere die Matrikelnummer des Studierenden durch mich (also z. B. 98254137 durch 201504), das ergibt fast immer annähernd Nicht genügend, wobei ich in diesem und allen anderen Fällen die mir eigene Milde walten lasse und auf »gut« aufrunde.

Es ist 10 Uhr vorbei, und nun wird wohl Herr D. schon in den Startlöchern scharren. Ehe ich mich an seinem Arbeitseifer laben kann, springt unvermutet Herr Y. aus einer Fensternische vor und will mich »für eine Sekunde« sprechen. Ich kenne ihn flüchtig (er ist Absolvent einer anderen Orgelklasse), und ich wünschte, ich wüsste mehr von ihm. Denn in der einen Sekunde erzählt er mir seinen ganzen Lebenslauf, Studiengang sowie die Prüfungsprogramme, Hobbies, Unarten und Kinderkrankheiten, damit ich mich für ihn bei der Besetzung der Orgellehrerstelle am Konservatorium von U. verwenden kann. Da ich weiß, dass Herr D. mir drei Mendelssohn-Sonaten und die ganze *Clavier-Übung* vorspielen will, sage ich Herrn Y. nach Ablauf der einen Sekunde zu, dass ich ihn möglicherweise als Orgellehrer, jedenfalls aber als Direktor des Konservatoriums in U. vorschlagen werde und flüchte vor seinen Handküssen zu Herrn D.

Es wird eine Unterrichtsstunde, wie man sie sich nur erträumen kann: Er spielt hervorragend. Die drei Elektriker, die ganz leise in den Raum stürmen und mit dem Ruf »Wir stören Sie nicht!« zwei Mendelssohn-Sonaten lang irgendwelche Tests mit dem Schaltkasten neben der Heizung machen, bemerke ich kaum. Trotz allem kommen wir nur ein Stück weit in die *Clavier-Übung*, und Herr D. fragt allen Ernstes, ob ich ihn am nächsten Tag vielleicht noch einmal einschieben könne, damit wir alles fertig spielen können?! Ich erzähle ihm von den Prüfungen, welche die Verlegung von zwei Unterrichtsstunden auf morgen erforderlich machen und bringe ihn mit der Ankündigung einer Sitzung der Studienkommission endgültig zur Einsicht; ich stelle ihm in Aussicht, dass ich ihn sofort benachrichtigen werde, wenn irgend jemand verbrennt und dadurch ein Enkel oder Großneffe nicht zum Unterricht erscheint; in diesem Fall würde ich ihn unverzüglich einschieben. Zufrieden will sich D. entfernen; da fällt mir ein, dass ich ihm vor drei Wochen die *Messe de la Pentecôte* von Messiaen aufgegeben habe; unersättlich, wie ich bin, frage ich ihn, wann er sie denn vorzuspielen gedenke. Daraufhin verwandelt er sich in ein Eichhörnchen, legt die rechte Pfote an die Brust und sagt:»Ich? Die *Messe de la Pentecôte*? War das ernst gemeint? Gekauft habe ich sie schon, aber ich bin geistig noch nicht so weit! Das muss ich mir erst noch gut überlegen!« Ich sehe den mühsam geplanten Schülerabend über Pfingstthemen in einen grauen Nebel zerfließen und nehme mir vor, ein Exempel zu statuieren, indem ich bei D.s Benotung auch noch das Quadrat seiner Semesterstufe zur Ziffernsumme seiner Matrikelnummer addieren werde, bevor ich die Division durch mich vornehme…

Die Trompetenuhrstücke sind jene aus dem 250. Domkonzert vom 26. Juni 1985, die ich später vom Tonband niedergeschrieben habe. Für die Veröffentlichung reichte ich die erforderliche wissenschaftliche Aufarbeitung des Falles nach.

Die Trompetenuhrstücke von W. A. P. Mozart

Entstehungsgeschichte und Quellenlage der Kompositionen für Flötenuhren von W. A. Mozart (KV 594, 608 und 116) sind wohldokumentiert[1] und können als bekannt vorausgesetzt werden. Umso dunkler ist die Ungewissheit bezüglich der *Vier Stücke für Trompetenuhr*. Nirgends in der Mozartliteratur von 1791 bis 1984 findet sich irgend eine Aussage, was nur teilweise dadurch erklärt werden kann, dass von der Existenz der Stücke niemand etwas wissen konnte, da sie erst 1984 aufgefunden wurden. Akribische Untersuchungen am Manuskript und die Auswertung bisher unbeachteter oder missverstandener Fakten in der Tertiärliteratur[2] haben dazu beigetragen, dass in jüngster Zeit zumindest ein Zipfel des grobgewobenen Schleiers gelüftet werden konnte, der über die *Trompetenuhrstücke* gebreitet war. Hier nun in gebotener Kürze die merkwürdige Geschichte dieser Piècen:

Am 29. Februar 1801 schreibt Graf Joseph Deym-Müller (der Mozart zur Komposition der Stücke für die Flötenuhr veranlasst hatte) an Joseph Haydn:»Was mir jedoch am aller Wenigsten convenirt: dass meyn Gehör-Sinn sich mer u. mer absentirt – ich nicht wol verstehen kann was die leut rundum sagen = Vor allem aber ich an der edlen musica kein rechte Freud mer habe dieweilen ich die leisen thön kaum hören kan.«[3] Später kommt Graf Deym ausdrücklich auf KV 616 zu sprechen und bedauert, dass er gerade dieses zarte Stück nicht mehr wahrnehmen könne.

Wir können annehmen, dass Haydn nicht der einzige war, der von Deyms früher Verkalkung und der damit einhergehenden Schwerhörigkeit unterrichtet war; es wird eher so gewesen sein, dass die kulturtragenden Kreise Wiens ganz allgemein davon gewusst haben. So dürfte der Sachverhalt auch Vinzenz Carl Plagiavsky zu Ohren gekommen sein. Dieser unbedeutende Komponist, der seine Werke mit den Buchstaben PVC zu signieren pflegte, hatte sich schon einmal künstlerisch an die Spuren Mozarts geheftet, als er versuchte, mit seinem Singspiel *Die Schaffnerin aus Liebe* (Erstverbot 1784) auf der Ruhmeswelle des großen Komponisten mitzuschwimmen. Bei dieser

Gelegenheit hatte er zum ersten Mal das kryptische Pseudonym »W. A. P. Mozart« verwendet. Nun sah er erneut seine Stunde gekommen.

Er entwarf den Plan, Musik in der Art der Flötenuhrstücke von Haydn und Mozart für den Grafen Deym zu komponieren, allerdings solche, die der inzwischen schwerhörige Graf auch tatsächlich vernehmen können sollte. Es war ihm klar, dass hier die »kleinen und hohen Pfeiffen«, über die sich schon Mozart mit nur geringem Enthusiasmus geäußert hatte, den Zweck nicht erreichen würden. Folgerichtig nahm Plagiavsky mit dem genialen Erbauer der Flötenuhren Deyms, P. Primitiv Niemecz, Kontakt auf und schlug ihm die Anfertigung einer Trompetenuhr vor. Dieser wies das Ansinnen zurück, weil er bis 1821 mit der Herstellung von weiteren Flötenuhren ausgebucht sei und sein Fließband nicht plötzlich umstellen könne; er empfahl ihm aber einen anderen Mönch, dessen Musikautomaten ebenfalls vortrefflich seien und dessen Kunstfertigkeit zu den schönsten Hoffnungen berechtige. Dieser, P. Trivial Wlp (nach dem Familiennamen zu schließen, ebenfalls böhmischer Herkunft), unterhielt eine kleine Werkstätte mit angeschlossenem Kloster in der Nähe von Himberg. Pater Trivial fand Gefallen an der Idee einer Trompetenuhr und machte sich unverzüglich ans Werk, während Plagiavsky mit der Komposition der Stücke begann.

Im Spätsommer 1802 führte P. Trivial die ersten Versuche mit dem fast fertigen Instrument durch. Es zeigte sich, dass er die Komplexität und vor allem den Materialbedarf einer Trompetenuhr durchaus gröblich unterschätzt hatte. Da die von Plagiavsky gewünschten großen Zungenpfeifen auch weitaus mehr Wind benötigten als die bisher üblichen vierfüßigen Flötenregister, musste auch das Uhrwerk, das ja nicht nur die Walze, sondern auch die Balganlage zu betreiben hatte, entsprechende Dimensionen aufweisen. Sehr zum Ärger des Fürsten Esterházy montierte P. Trivial – in einer Nacht- und Nebelaktion, mit Hilfe von 22 marodierenden Soldaten – die Turmuhr aus dem Eisenstädter Schloss ab und baute sie in seine Trompetenuhr ein. Die dazu nötigen drei Gewichte wogen je 40 Zentner, und zwecks Beschaffung einer ausreichenden Menge an Balgleder musste eine nicht geringe Anzahl Himberger Schweine ihr Leben lassen.[4] Waren die Abmessungen der Trompetenuhr schon gewaltig, bestand Plagiavsky, allen Einwänden des Konstrukteurs zum Trotz, auch noch auf dem Einbau einer einzelnen Pfeife CC Bombarde 32', die er für den Abschluss des 3. Stückes für unverzichtbar hielt. Den Korrespondenzheften P. Trivials (solche führte er inzwischen, da auch er durch die Arbeit an der Trompetenuhr schwerhörig geworden war) können wir die endgültigen Abmessungen des Werkes entnehmen: Länge 480 cm, Tiefe 293 cm, Höhe 359 cm, abgesehen von der kaminartigen Verkleidung für die erwähnte 32'-Pfeife mit einer Höhe von 1023 cm. Insgesamt muss das Instrument wie ein sehr kleines kalorisches Kraftwerk ausgesehen haben (was P. Trivial wahrscheinlich nicht gestört hat, da er kaum gewusst haben dürfte, wie ein sehr kleines kalorisches Kraftwerk aussieht. Aber dies ist nur eine Annahme, die nicht mit letzter Gültigkeit erhärtet werden kann).

Andere Künstler als Plagiavsky und P. Trivial – solche mit wacherem Sinn für die harten Realitäten des Lebens – hätten Überlegungen angestellt, ob es irgendwo in der Haupt- und Residenzstadt Wien auch nur einen Salon gäbe, in dem das neue Instrument mit seinen gigantischen Dimensionen untergebracht werden könnte. Das Schicksal allerdings enthob die beiden der Beschäftigung mit diesem Problem. Als die Trompetenuhr am 3. und 4. Dezember 1802 mit einem 28spännigen Ochsenwagen von Himberg nach Wien gezogen wurde, (die Anwohner der Strecke waren vorsorglich evakuiert worden), verfiel PVC auf den kuriosen Einfall, auf der Höhe des Laaerberges die im Dunst ansichtig werdende Stadt mit den Klängen der Trompetenuhr zu grüßen, und so setzte er das Werk in Betrieb. Wie zu erwarten war, scheuten die 28 Ochsen, warfen das Instrument um und rasten den Abhang zur Vorstadt hinunter. Die beiden genialen Künstler suchten das Weite, und die völlig zerstörte Trompetenuhr wurde ein Opfer von Plünderungen; noch heute kann man an einigen ganz alten Häusern unterhalb der »Spinnerin am Kreuz« Dachrinnen in der charakteristischen Krummhornbauweise sehen.[5]

Nichts wüsste man von der abenteuerlichen Geschichte der Trompetenuhr, wäre nicht das Manuskript der vier Stücke bei Grabungsarbeiten in der nahen Laxenburger Straße entdeckt worden.[6] So haben wir immerhin einen Beweis, dass die Produktion von Musik für automatische Instrumente um eine weitere Facette reicher (und gefährlicher) war, als bisher angenommen wurde. Zumindest haben die Erbauer von Flöten- und Trompetenuhren eine Lehre aus dem unrühmlichen Ende des letzen Opus von P. Trivial Wlp gezogen: Wie man im Wiener Prater jederzeit feststellen kann, werden in der Nähe solcher Instrumente keine Ochsen, sondern nur mehr Pferde eingesetzt.

Anmerkungen

[1] Hans Haselböck,»New Information About Mozarts Clockwork Pieces«, in: *The Diapason*, Nr. 816, Nov. 1977, S. 1f.

[2] s. d. a. a. O.

[3] Briefwechsel Deym – Haydn (Originale verschollen, Druck vergriffen, Handexemplar verliehen).

[4] Franz Gasseleder,»Die große Hungersnot in Himberg von 1802«, in: *Blätter für Heimatkunde*, Nr. 304/1921, S. 28f.

[5] Freundl. Mitteilung der Dachdecker-Innung, Sektion 1100, Wien.

[6] Unfreundl. Mitteilung des Polizei-Kommissariates 1100, Wien.

Zur Authentizität der wichtigsten Werke Max Regers

Eines der großen Rätsel in der Musikwissenschaft, insbesondere aber der Stilkunde und Stilforschung, nähert sich seiner endgültigen Lösung. Die Frage, die seit geraumer Zeit im Raume stand[1] lautete: Wie konnte ein Mann von Geschmack und von der Ausbildung, von der Begabung und charakterlichen Ausprägung wie Max Reger eine solche Fülle[2] von epochemachenden Werken schaffen? Dass ein Genie manchmal aus dem Nichts hervortritt und den Lauf der Geschichte ändert,[3] ist zu akzeptieren; aber in diesem Fall liegt das Missverhältnis von Sein und Schein denn doch zu krass, als dass nicht der Verdacht aufkommen hätte können, dass irgendein noch völlig unbekanntes Faktum ein erleichterndes Licht in die unerklärbare Erscheinung Max Regers bringen könnte.

Durch den abenteuerlichen Zufall und vor allem durch die Mithilfe des Schweizerischen Bergsteigerbundes ist es offenkundig geworden: Max Reger hatte einen älteren, bislang völlig vergessenen Stiefbruder namens Moritz Reger. Es wird sich herausstellen, dass ihm viel mehr als dem Brüderchen Max das Attribut des genialen Wahnsinns zukommt. Bevor wir den Lebensweg dieses Mannes kurz umreißen wollen, sollte uns klar sein: Ab sofort werden die Regers in neuer Sicht gesehen werden müssen. Max und Moritz[4] sind untrennbar, sowohl was ihre Werke als auch was ihre katastrophale Auswirkung auf die Musik des 20. Jahrhunderts betrifft.

Moritz Reger wurde am 29. Februar 1856 in einer noch nicht nachgewiesenen Gaststätte im Fichtelgebirge geboren.[5] Er verlebte eine ruhige Kindheit, die nur durch ein wenig Violin-, Klavier-, Trompeten-, Cello-, Glasharmonika- und Blockflötenunterricht aufgelockert wurde. Nach den ersten psychischen Störungen entschloss sich sein Vormund, ihn auch alle anderen Musikinstrumente sowie Theorie und Akustik studieren zu lassen, damit sich seine Seele ganz gleichmäßig deformieren konnte. Der Erfolg ließ nicht lange auf sich warten: Schon im Alter von elf Jahren war er im Stande, aus dem Klang eines Posthorns das Gesamtgewicht der Kutsche zu erkennen und wurde aufgrund dieser Fähigkeit zum Domorganisten von St. Fuchtel am Fichtel[6] berufen. Er musste sich nur einer ganz kleinen schriftlichen Prüfung unterziehen, um sich endgültig für die Stelle zu qualifizieren. Es war damals üblich, dass ein Bewerber für so ein Amt eine Variationsreihe schreiben musste, um seine kontrapunktischen Fähigkeiten nachzuweisen.

Also schrieb der junge Moritz ein solches kleines Variationswerk samt Fuge in f-Moll, das sein Bruder Max später nach fis-Moll transponierte und unter dem Titel *Fis-Moll-Variationen* als eigenes Werk herausgab. Leider währte Moritzens Amtszeit in St. Fuchtel am Fichtel nicht lange, da nach kurzer Zeit alle 478 Katholiken der kleineren Diözese zum Buddhismus übertraten (interessanterweise mit der Begründung, dass sie schon immer nach einer Religion ohne Orgelspiel gesucht hätten), worauf der Dom nach Kalifornien verkauft wurde.[7] Aus der Zeit unmittelbar nach St. Fuchtel sind nur wenige Werke erhalten, darunter op. 4, ein Werk für Trompete solo mit dem Titel *Trara und Fuge*, wobei sich der junge Reger besonders in der Fuge derselben kriminellen Satztechniken bedient, wie sie schon Telemann in seinen Fugen für solistische Flöte angewandt hatte.[8] Überhaupt merkt man auf Schritt und Tritt die Hinwendung zu den Traditionen der großen Meister, mit der ja dann auch Reger das ganz große Geschäft machen sollte.

Was die Aufenthaltsorte von Moritz betrifft, sind sie anhand der Protokolle des Königlich-Bayrischen Landstreicheramtes[9] unschwer zu verfolgen. Man muss dem jungen Mann zugute halten, dass er durch seine Familienverhältnisse schwer getroffen war, da sein Vater schon zwei Jahre vor seiner Geburt gestorben war. So ist es kein Wunder, dass Moritz 1868 in München auftauchte und sich anlässlich der Uraufführung der *Meistersinger* an Richard Wagner heranmachte. Moritz machte Onkel Richard sogar eine Reihe von Änderungsvorschlägen,[10] deren einige Wagner schließlich um des lieben Friedens willen verwirklichte. Bald darauf wurde es dem Meister aber doch zu viel, und als Anton Bruckner wieder einmal zu Besuch war,[11] schmuggelte er ihm Moritz Reger in die Reisetasche, um ihn loszuwerden.

So gelangte Moritz nach St. Florian bei Linz. Hier in diesem ruhig gelegenen Chorherrenstift konnte er sich der Vervollkommnung seiner Ausbildung widmen. Er begann mit der Komposition des *Unmusikalischen Opfers*, er instrumentierte das *Notenbüchlein* der Anna Magdalena Bach für großes Blasorchester und gab den ersten Band *Schlichte Weisen* heraus. Durch den großen Erfolg ermutigt, folgten die *Ganz schlichten Weisen* und bald darauf die *Unglaublich schlichten Weisen*. Nun geriet er in denselben Teufelskreis, in den sich zwei Jahrzehnte später sein kleiner Bruder Max freiwillig begeben sollte: Obwohl ihm zu einem Thema nichts mehr einfiel, schrieb er immer noch weiter, weil sich's so gut verkaufte. Es folgten noch die *Schwachen Weisen* und die *Schlichten Weisen aus dem Morgenland*.[12] Den letzten Zyklus dieser Reihe, die *Schlechten Weisen*, veröffentlichte er in einem seltenen Anfall von Selbstkritik nicht; dies besorgte dann, wieder unter seinem eigenen Namen, sein Bruder Max als *Schlichte Weisen op. 76*.

Inzwischen war das Jahr 1872 angebrochen, und Moritz konnte nur mit Mühe verheimlichen, dass er im Stimmbruch war. Als eines Tages der

Postmeister von Hargelsberg beim Abt vorsprach, um sich über Moritz wegen längst fälliger Alimente für seine Tochter zu beklagen,[13] fiel es dem Abt wie Schuppen von den Haaren: Er wollte die Knabenstimme von Moritz prüfen, fand sie nicht und jagte ihn daraufhin aus dem Stift. Als Richard Wagner hörte, dass Moritz wieder auf Wanderschaft gehe, baute er rasch das Festspielhaus in Bayreuth, um etwas weiter weg von Moritz zu sein. Aber Moritz Reger begab sich mit der ihm eigenen Langsamkeit nach Regensburg, wo er 1874 durch ein Versehen die erste Kirchenmusikschule auf deutschem Boden mitbegründete.[14] Zur Einweihung des Institutes bekam er einen Kompositionsauftrag für ein monumentales Orgelwerk. Er schrieb die Choralfantasie *Habediehre! Gott soll leben!*, worüber der Caecilienverein begeistert war und nur bat, den Titel ein wenig zu ändern. Moritz tat das aus dem ihm angeborenen Stolz nicht und zog das Werk zurück. Man ahnt, was passieren würde: Der kleine Bruder grub das Stück im Jahre 1900 aus, änderte mit sicherem Gespür für die Marktbedürfnisse den Titel in *Halleluja! Gott zu loben* um und brachte es als eigene Komposition heraus. Ähnliches geschah mit seinem kurze Zeit später entstandenen Werk *Manche Menschen sollten sterben*.

Die bisher Max Reger zugeschriebene Choralfantasie *Stör mich nicht mit deinem Horn* hat der Verfasser – unter lebhafter Nichtanteilnahme der Presse – am 3. Oktober 1979 im Wiener Stephansdom uraufgeführt.[15] Andere Werke sind durch eine glückliche Fügung der Umarbeitung durch den Jüngeren entgangen, so zum Beispiel die Kantate *Mit List und Lust fahr ich dahin*. Wieder andere standen in so diametralem Gegensatz zu den kommerziellen Interessen Maxens, dass er an eine Verumeignung nicht denken konnte, so etwa bei den *52 schwer ausführbaren Vorspielen für Orgel zu den ungebräuchlichsten evangelischen Chorälen*.

Nach dem Intermezzo[16] in Regensburg wandte sich Moritz in die Schweiz, wo er zunächst das Bergsteigerhandwerk erlernte. Die Eindrücke von seiner ersten kühnen Kletterpartie schlagen sich nieder in den Klavierstücken *Träume im Kamin*.[17][18] Ein wenig später komponierte er nach einer nächtlichen Besteigung des Matterhorns die Choralfantasie *Wie schön leucht' uns der Morgenfirn*. Was später mit diesem Werk geschehen ist, kann sich jeder unschwer vorstellen.[19] Im Kanton Schwyz lernte er auch seine zukünftige Frau Vroni Schinkeli kennen. Als Moritz zum ersten Mal bei ihr ins Fenster stieg,[20] drückte sich ihre Reaktion nur in einem einzigen, starken Wort aus: Hach! Dem jungen Liebhaber ging diese Äußerung durch Mark und Bein, und zur Verlobung[21] schrieb er für Vroni eines seiner bedeutendsten Orgelwerke: *Phantasie und Fuge über H-A-C-H*. Es kam später, wie es kommen musste: Max Reger entdeckte das Werk, kurz nachdem er die Verkaufsziffern von Liszts *B-A-C-H* studiert hatte. Daraufhin malte er kurz entschlossen vor jeweils jedes erste H im Stück seines Bruders ein b und schon war op. 46 von Max Reger fertig. – Aus den Tagebüchern der jungen Frau erfahren wir übrigens, dass es noch kurz vor der Hochzeit einen großen Streit in der Familie gegeben hatte, und zwar über die Frage, ob sie sich ab nun Schinkeli-Reger oder Reger-Schinkeli nennen sollte. Aber der Zwist war vergessen, als ihr Moritz noch ein Stück widmete – es ist das leider verschollene *Magnificat Vroni Toni*.

Durch einen blindwütigen Zufall war die Familie seiner Braut sehr reich, und Moritz konnte sich endlich ohne materielle Nöte seiner Kunst widmen. Neben dem umfangreichen Werk *Großes Album für Pianoforte* – das Max R. später in Form von lauter einzelnen Albumblättern an den Mann bringen sollte – begann der Meister mit einer groß angelegten Kompositionslehre, der er den programmatischen Titel *Pasticcio musicale* gab. Tatsächlich finden sich darin alle wesentlichen Stile und Lehren der Vergangenheit und Gegenwart wieder, die zumindest versuchsweise zu einer Synthese gebracht werden. Der Kernsatz lautet: Schreibe nie einen Akkord, wo man auch einen anderen schreiben könnte. Dass die zeitgenössischen Musiktheoretiker angesichts dieser These ratlos waren, darf aus heutiger Sicht nicht verwundern.[22]

Aber auch an das drängende Problem des Orgelbaues ging Moritz Reger heran. Besonders interessierte ihn die hoch aktuelle Frage der Traktur. Schon immer hatten ihn die klapprigen Spielmechanismen an alten Orgeln gestört, und auch der neue Barkerhebel war ihm als hypersensiblem Musiker viel zu laut. So tat er sich mit dem Schweizer Orgelbauer Cobold Blünzli[23] zusammen und stellte mit ihm nach mühevollen Versuchen die erste wirklich absolut geräuschlose Orgel her. Die genialische Konsequenz zeigt sich darin, dass diese Orgel überhaupt keine Traktur hat, was sich auch in den niedrigen Wartungskosten positiv zu Buche schlägt. Leider war die Zeit für solche Lösungen nicht reif; der Kirchenvorstand der betreffenden Gemeinde zeigte sich besonders unverständig und brachte Orgelbauer samt Berater vor Gericht.

Nun hieß es wieder Abschied nehmen – Moritz Reger verließ die Schweiz und wandte sich nach England. Als er 1883 in London eintraf, wurde gerade das Royal College of Music eröffnet. Reger fand diese Einrichtung zu elitär und gründete mit einer Handvoll Gleichgesinnter ein Gegenstück, das »Irreal College von Homophoney Music«. Als er daraufhin wegen Majestätsbeleidigung im Londoner Tower in Arrest saß,[24] legte einer seiner englischen Gönner, ein gewisser John Adam Miller, eine hohe Kaution auf den Tisch, um ihn wieder freizubekommen. Aus Dankbarkeit komponierte Moritz Reger die *Variationen und Fuge über ein lustiges Thema von Johann Adam Miller*. Um der musikhistorischen Wahrheit willen muss man leider auch in diesem Fall die weitere Geschichte des Orchesterwerkes festhalten.

Max Reger scheute sich auch hier nicht, das Werk unter seinem Namen zu veröffentlichen; nach der Durchsicht der Partitur stellte er seinen Maßkrug auf das Titelblatt und verwischte dadurch den Anfangsbuchstaben im Familiennamen des Widmungsträgers; so gelangten 1907 die *Variationen und Fuge über ein lustiges Thema von Johann Adam Hiller* als Max Regers op. 100 zum Druck.

Nach dem englischen Abenteuer zog sich Moritz in die Heimat zurück und schlug seinen Wohnsitz in Schwarzenberg in der Oberpfalz auf.[25] Jetzt beschäftigte er sich wieder vermehrt mit alter Musik.[26] Er studierte nun vor allem die Vokalwerke des Frühbarock, insbesondere die von Heinrich Schütz. Als echtes Kind des Historismus versuchte er selbst, doppelchörige Motetten im Stil des Sagittarius zu komponieren,[27] aber er erkannte seine Grenzen und gab es bald wieder auf. Ein schönes Zeugnis für diese edle Resignation ist seine Motette *Ich wollt', dass ich der Heinrich wär'*.[28] Aber auch in punkto Aufführungspraxis zeigte sich sein Weitblick und seine Konsequenz. Wenn manche hoch spezialisierten Interpreten heutzutage bisweilen so weit gehen, dass sie nur mehr ohne Schuhe Orgel spielen, dann mutet das geradezu harmlos an, wenn man weiß, dass Moritz Reger in seiner Amberger Zeit bei der Wiedergabe von Orgelwerken der Renaissance grundsätzlich nicht nur die Schuhe, sondern auch die Hose auszuziehen pflegte.[29] Nur so, wie er meinte, konnte er die nichttemperierten Ultrafrequenzen direkt über die Orgelbank wahrnehmen, welche er so auf seinen Pulsschlag einwirken ließ. Wie man jetzt weiß, ist die erste Denkmäler-Ausgabe von 1892 wesentlich von seinen Gedanken beeinflusst worden – wenn man auch davon Abstand genommen hatte, seine unkonventionellen aufführungspraktischen Hinweise im Vorwort abzudrucken.

Auf der anderen Seite gab er seine Bemühungen um die Ausweitung der Tonalität nicht auf, was aus nun schon hinlänglich bekannten Gründen später als das Hauptverdienst seines kleinen Bruders angesehen wurde. Das wichtigste Ergebnis dieser Arbeiten ist *Opus 13,5 b*. Wie schon der Titel sagt, handelt es sich um eine Komposition mit dreizehneinhalb b, also ein Stück in eses-Moll, wobei das scheinbar überzählige halbe b nur bei stark verstimmten Zungen gilt. Dieses hochinteressante Werk, ohne das weder ein Schönberg noch ein Gershwin denkbar ist, erfuhr unter den Händen des jüngeren Reger ein besonders trauriges Schicksal: Als Max Reger wieder einmal zur Tat schritt, konnte er mit der Tonart eses-Moll nichts anfangen, sie kam ihm aber irgendwie bekannt vor, als er das Stück durchspielte. Ohne Rücksicht auf den semantischen Wert der 13,5 Vorzeichen ließ er das Werk von einem seiner Akkordarbeiter nach d-Moll transponieren, und da er gerade viel zu tun hatte, konnte er die Opus-Zahl nicht korrigieren, sondern kratzte nur das Komma aus. So liegt nun heute eines der aufschlussreichsten, komplexesten, harmonisch kühnsten und zukunftsweisendsten[30] Orgelwerke der Spätromantik in ungeheuer vereinfachter und entstellter Form vor uns; d-Moll ist nun einmal nicht dasselbe wie eses-Moll, und daher klingt das Stück in dieser Form auch so, wie es sich der kleine Max vorgestellt hat. Die jetzige Vulgärfassung kann also nicht als optimal bezeichnet werden, sondern höchstens als maximal.

Danach verliert sich der Weg von Moritz Reger im Dunkel.[31] Es ist aber so gut wie sicher, dass er in dieser Zeit seinen Bruder Max einmal persönlich getroffen hat. Es existiert nämlich ein Gepäckaufbewahrungsschein vom Bahnhof Weiden, datiert mit 18. März 1884; er trägt den handschriftlichen Vermerk »Schwere Musike!«.[32] Offenbar hat sich dieses Dokument gerade deshalb erhalten, weil Moritz Reger seinen Koffer mit allen seinen bisher komponierten Werken nicht selbst vom Bahnhof abgeholt hat, sondern seinen elfjährigen Bruder Max darum gebeten hatte. Dieser aber dürfte den Koffer unterschlagen haben, um später mit Werken versorgt zu sein.[33]

Dass Max und Moritz nach dieser unschönen Episode fortan keinen Kontakt mehr pflegten, ist mehr als verständlich. Moritz verfiel psychisch und physisch. Hin und wieder tauchte sein Name noch in dieser[34] oder jener[35] Trinkerheilstätte oder in einer Fahndungsliste[36] auf. Der beginnende Ruhm des Bruders muss ihn zerbrochen haben, da er ja wusste, dass ihm selbst viel eher als dem strammen Max die Palme der Unsterblichkeit gebührte.[37] So kennen wir auch weder Sterbedatum noch Ruhestätte des Verkannten, aber weitere Forschung wird auch hier sicher zum Ziele führen.

Moritz Reger trug als echter Romantiker bis zuletzt den Gedanken an eine Versöhnung mit sich umher. Sein letztes Werk noch zeugt davon – es ist ein schlichtes Choralvorspiel für Orgel mit dem Titel: *Gott mit dir, Max, nach meiner Güt'.*[38]

Anmerkungen

1 Vgl. die gesamte musikkritische, musikhistorische, musikanalytische und musikneurologische Literatur seit 1916.

2 *Thematisches Verzeichnis der im Druck erschienenen Werke von Max Reger* (Hg. F. Stein), Wiesbaden 1953.

3 Bernhard Grzimek (Hg.), *Grzimeks Buch der Evolution*, München 1973.

4 Vgl. den ähnlich gelagerten Fall bei: Wilhelm Busch, *Max und Moritz*, Handschrift 1861.

5 Auch das letztgültige *Offizielle Verzeichnis aller Volkseigenen Restaurations-, Beherbergungs- und Gaststättenbetriebe* (Berlin DDR 1982) nennt keine einzige Gaststätte, in der Moritz Reger geboren worden sein könnte.

6 Nicht zu verwechseln mit St. Wichtel an der Wuchtel (Riesengebirge)!

7 «An inventory of recently acquired Europaen castles and cathedrals«, in: *Official Quarterly of the Santa Monica County*, Santa Monica, California 1871.

8 Kassius Kassiber,»Fug und Trug. Zur Abgrenzbarkeit von Scheinkontrapunkt und Kontrascheinpunkt von den Niederländern bis zu den Regers«, in: *Mitteilungen der Landesgruppe Steiermark für Imitatorik*, Graz o. J.

9 Details immer noch am besten in: Sepp Sandler, *Land-, Stadt- und Dorfstreicher in den bayrischen Ländern, Städten und Dörfern*. Augsburg 1903, S. 248f.

10 *Briefwechsel Moritz Reger – Richard Wagner*, Frankfurt 1954, bes. S. 1247ff.

11 Vermutlich im Zuge der Rückreise Anton Bruckners von Nancy und Paris im Mai 1869 (vgl. Maximilian Auer, *Anton Bruckner. Sein Leben und Werk*, Wien 1932, S. 224ff.).

12 Der gutgemeinte Versuch, diese Stücke als liturgische Musik zum Fest Epiphanie (6. Januar) für den Gottesdienst zu vereinnahmen, ist als Fehlspekulation abzulehnen. (So etwa bei Msgr. K. Ronsteiner,»Ein bisher unbekannter Proprienzyklus von Reger«, in: *Singende Kirche*, Heft 111/1951, S. 32f.).

13 Vgl. Brunfried Obergschaftler, *Mannbarkeitsriten und Fruchtbarkeitsbräuche in Oberdonau*, Pichling 1939.

14 Ernst Tittel, *Österreichische Kirchenmusik. Werden, Wirken, Wachsen*, Wien 1961, S. 270f.

15 Einführliche Ausführung auf der Rückseite des Programms.

16 Max Reger, op. 59.

17 Max Reger, op. 143.

18 Auf diesen Zusammenhang wurde erstmals hingewiesen in dem Beitrag Kaminus Buranus,»CO_2 in Musik und Malerei«, in: *Festschrift zum 238. Gründungsjubiläum der Schornsteinfegerzunft der Stadt Bochum*, Bochum 1959.

19 Oder nicht?

20 Vgl. Jakob Jasser, *Mannbarkeitsriten und Fruchtbarkeitsbräuche im Kanton Schwyz*, Schwyz 1940.

21 Jakob Jasser, a. a. O.

22 Vgl. od. s. z. B. u. a. bes. (sic!) Eduard Hanslick, *Vom musikalisch Schönen*, Wien 1891, S. 118 (»Diese an sich bodenlosen Regeln...«).

23 MGG, Artikel Cobold Blünzli (in Vorbereitung).

24 Näheres in: Sir Dungobert Dungeon (RCO, RAM, RAF, OSB), *Studies and the behaviour of famous arrestants of the London Tower in the second half of the 19th century*, Cattlesborough 1961.

25 Zwischen Irrenlohe und Nabburg, vgl. *Allgemeines Kursbuch der Deutschen Bundesbahn*, Teil E, Fahrplan 890.

26 内線、国際航空券の予約・発着時刻、空席、運賃 Sagittalius, Osaka 1976.

27 国内線、国の航空券の約・予購入。Sagittalius, a.a.0.

28 Das Stück gehört zu den wenigen Werken, die vor dem üblichen Schicksal bewahrt wurden. Vermutlich konnte Max mit dem Titel nichts anfangen, da er selbst durchaus nie jemand anderer als Max Reger sein wollte.

29 Diese Art der Spielweise ist zum ersten Mal erwähnt im Podex Argenteus (Florenz 1498).

30 Nichtzutreffendes streichen!

31 Vgl. M. Seybel, *Zes eeuwen Veluwse Orgels*, Zaltbommel 1975. In diesem Buch kommt der Name Moritz R. kein einziges Mal vor.

32 Der Gepäckaufbewahrungsschein ist ausgestellt im Moritz-Reger-Museum in Knöpfling an der Knopf (geöffnet an allen Samstagen bei Schlechtwetter in jedem Schaltjahr, jeweils von 11 Uhr bis 11 Uhr 15.) Vorsicht! Der in diesem Zusammenhang im Deutschen Eisenbahnmuseum in München gezeigte Gepäckaufbewahrungsschein ist eine Fälschung.

33 Max Regers Lied *Der Dieb* für eine Singstimme mit Pianoforte (St. V. S. 492, ohne Opuszahl) ist somit eindeutig autobiographischer Natur. Diese Vermutung zum ersten Mal in: Kassius Kassiber, »Hat Max Reger auch selbst komponiert?«, in: *Zeitschrift für das Plagiatwesen*, Nr. VI/1962, S. 52ff.

34 *Analecta Alcoholica Allemanica* (AAA), Berlin 1920, Bd. XI, S. 4208f.

35 AAA, a. a. 0.

36 *Gatalogus Griminalis Germaniae* (GGG), Leipzig o. J., S. 2 bis 98.

37 Einmal aussetzen, zurück auf S. 53.

38 Max Reger, *Choralvorspiele für die Orgel* op. 67, Nr. 25, *Mach's mit mir, Gott, nach deiner Güt.*

Zur Lebensgeschichte Gänsbachers

In der lokalen Musikgeschichte Wiens im frühen 19. Jahrhundert gibt es eine dunkle Stelle, die erst jetzt annähernd enträtselt werden konnte. Den Ausschlag gaben chemische Untersuchungen am Original der Partitur zur *Vesper* von Johann Baptist Gänsbacher. Nach diesen Untersuchungen existieren keine Zweifel mehr, dass die Familie Gänsbacher noch ein weiteres Mitglied umfasst haben muss, über das bislang der Schleier des Vergessens gebreitet war. Es ist vor allem der tatkräftigen Unterstützung der Bezirkshauptmannschaft Brixen und einer Reihe von einschlägigen Gaststätten und Schnapsbrennereien in dieser Gegend zu danken, dass das Geheimnis dieses weiteren jüngeren Bruders des uns vertrauten Komponisten gelüftet werden konnte.

Johann Gänsbacher der Jüngere wurde am 32. Mai 1793 in Sterzing in Südtirol geboren und sein Geburtsdatum ist, wie man sehen wird, nur die erste von vielen Unanständigkeiten in seinem Leben. Die Eltern waren in der Landwirtschaft so stark beschäftigt, dass sie kaum Zeit für die Kinder hatten; das ist auch der Grund, warum sechs von den neun Kindern Johann genannt wurden. Die Eltern hatten nämlich keine Zeit, sich dauernd neue Namen für die Kinder auszudenken. Es ist noch nicht geklärt, warum drei von den neun Kindern trotzdem nicht Johann, sondern Johanna getauft wurden. Möglicherweise haben sich diese drei von den anderen sechs so deutlich unterschieden, dass die Eltern einfach gezwungen waren, diese gravierenden Unterschiede in der Namensgebung zu berücksichtigen. Wie dem auch sei, die Tatsache, dass es sechs verschiedene Johann Gänsbachers gab, erklärt auch, warum sie sich schließlich Mittelnamen zulegen mussten. Da ist zunächst Joh. Baptist Gänsbacher, der bedeutendste, den Sie ja alle kennen, dann Joh. Dentist Gänsbacher, den ich schon vor Jahren in meinem Dommusikprogramm zitiert habe, weiters der erfolgreiche k. u. k. General Johann Kavallerist Gänsbacher, und schließlich der Gegenstand unserer heutigen Vorlesung, Johann Kopist Gänsbacher. Wir werden bei der Betrachtung seines Lebensweges sehen, wie er zu diesem Beinamen kam.

Zunächst war alles ganz harmlos. Er besuchte den Lehrgang für heimische Volksinstrumente an der Musikschule in Brixen und lernte Maultrommel, Kuhglocke und Alphorn. Bei der Abschlussfeier des Jahrgangs 1808 fielen seine ungewöhnlichen Begabungen auf, und er kam zur Ausnüchterung in den Gemeindekotter. Da gerade das Fronleichnamsfest vorbei war, hielten sich aus ähnlichen Gründen auch die meisten anderen Kirchenmusiker der Umgebung dort auf und er kam mit dem Kirchenmusikdirektor von Flirns ins Gespräch. Dieser erkannte sein Talent und gab ihm den Rat:»Wenns hier bei inns nit anerkannt werrn: flirns nach Wi-en aui!«

Am nächsten Tag löste Johann eine Fahrkarte nach Wien, was ein weiterer Beweis für seine Originalität ist, denn die Brennerbahn sollte erst 90 Jahre später eröffnet werden.

In Wien angekommen, stellte er fest, dass für Absolventen der Fächer Maultrommel, Kuhglocken und Alphorn in dieser Stadt nur sehr geringer Bedarf bestand. So versuchte er es mit etwas Außergewöhnlichem – er lernte Orgel. Er soll ein sehr stürmischer Spieler gewesen sein; aus dieser Zeit sind in Wien noch eine Anzahl Orgeln mit gebrochenem Pedal erhalten. Außerdem studierte er Harmonielehre und Kontrapunkt, und zwar bei niemand geringerem als bei Franz Schubert. Was er bei ihm gelernt hat, muss Gegenstand weiterer Forschungen bleiben, denn Franz Schubert war im Jahre 1808 natürlich erst elf Jahre alt. Die Erfolge des intensiven Studiums blieben nicht aus; er schrieb seine erste Messe, und zwar für die originelle Besetzung zwei Geigen, zwei Celli, Horn und Stimmgabel. Dass sich dieses Werk vor allem bei liturgischen Aufführungen kaum durchsetzten konnte, liegt sicher auch daran, dass der Text der Messe zu stiefmütterlich behandelt worden war, da ja außer den oben genannten Instrumenten weder Chor noch Solisten vorgesehen waren.

Aber alle Großen lernen durch ihre Fehler, und schon das nächste Werk war ein durchschlagender Erfolg: die Motette *Tu es nicht, Petrus!* Das Stück erlebte zahllose Aufführungen, nachdem sich herumgesprochen hatte, dass es aufgrund des Textes natürlich nicht zum Fest Peter und Paul passt, sondern zum Palmsonntag, wo es in der Passion darum geht, dass Petrus einem römischen Soldaten ein Ohr abschlagen will. Es folgte eine Komposition für Kammerorchester und Alt-Solo, und wenn man den Titel verstehen will, muss man wissen, dass damals selbstverständlich Männer und nicht Frauen die Alt-Soli gesungen haben. Es handelt sich um das Stück namens *Castrate Domino* aus dem Jahr 1810, GäV 12 (GäV verweist auf das neulich angelegte *Gänsbacher-Verzeichnis.*).

Durch diese ersten Erfolge wurden die Leute in seiner Heimat auf ihn aufmerksam und er bekam Kompositionsaufträge für allerlei Jubiläen und Feiern in verschiedenen Tiroler Orten. So entstand *Alma Redemptoris Matrei* oder *Ego sum Servaus tuus* und die *Missa super Zu Mantua in Banden* für Kaiserjäger und großes Blasorchester. Sogar bis nach Vorarlberg reichte sein Ruhm, wie der Introitus *Bludenz bludebo* beweist. Daneben widmete er sich der kirchenmusikalischen Alltagsarbeit, wie die Sammlung *93 Tantum ergo für alle unpassenden Anlässe* zeigt (GäV 34 bis 126). Die kirchliche Anerkennung für dieses Wirken blieb nicht aus, nur musste er natürlich noch ein wenig darauf warten, und zwar bis kurz nach seinem Tod.

Vorläufig beschäftigte sich die Inquisition mit Johann Kopist Gänsbacher, denn als GäV 128 schrieb er eine *Missa solemnis in Gas-Dur*, und Gas-Dur taucht in der Liste der liturgisch erlaubten Tonarten nicht auf. Die Argumentation, dass es sich nur um einen Druckfehler auf dem Titelblatt der Erstausgabe gehandelt habe, beeindruckte die kirchliche Obrigkeit nicht, und es entstand ein großer Streit, der seinen Niederschlag in der Tagespresse fand. Sogar Predigten wurden gegen den Komponisten gehalten, und als er einmal Zeuge einer Ansprache des Dompredigers gegen ihn wurde, komponierte Gänsbacher erzürnt die Motette *Benedicta sit Sancta Simplicitas*. Durch einflussreiche Freunde wurde der Zwist beigelegt, und als Wiedergutmachung erhielt Gänsbacher eine Professur an der Sonderschule für Kapellen- und Kirchenmusik. Er führte ein völlig neues pädagogisches Konzept ein: Jede Woche am Montag traf er sich mit seinen Schülern in einem Wirtshaus; dann wurde besprochen, wer welche Aufgaben hätte machen sollen, worauf der betreffende Schüler seinem Lehrer als Buße ein Krügel Bier zahlte. Aus dieser Lehrtätigkeit entstanden Gänsbachers wichtigste theoretische Werke: *Das Wohltemperierte Bier* und *Die Kunst der Unfuge*. Damit in Zusammenhang steht auch die Beschäftigung mit den großen Meistern der klassischen Polyphonie. Das bekannteste Zeugnis nach dem Vorbild der *Missa La, la...* von Lassus ist die *Missa Gä, gä* von Gänsbacher (GäV 144, 7).

Ein weiterer Beleg für die Verehrung der Klassiker ist die nächste Messe, die Palaestrina zum Vorbild hat, nämlich die *Missa sine intonazione*, die auch heute noch oft im Stephansdom aufgeführt wird. Man merkt übrigens bei der Durchsicht von Gänsbachers Werken, dass er die lateinische Sprache nur mangelhaft beherrscht hat, was ja aufgrund seiner Herkunft verständlich ist. Die eindrucksvollste Anekdote zu diesem Thema entstand, als der angesehene Wiener Musikverlag Tobias Haslinger einen neuen großen Laden eröffnete. Gänsbacher stand mit einigen Freunden vor dem neu eröffneten Lokal und sagte »Ah, wos für a wunderbares Gschäft!«. Ein daneben stehender meinte zu ihm: »Zu diesem Thema solltest du unbedingt ein Chorwerk schreiben«, und schon am nächsten Tag hatte der Meister ein Stück fertig, das, wie er meinte, seinen Ausspruch über das »wunderbare Gschäft« in Musik fasste: die Motette *O admirabile commercium*. Da darf man sich dann auch nicht wundern, dass er auch einmal als Gesang zur sonntäglichen Besprengung mit Weihwasser ein *Asperagus* veröffentlichte.

So kam das verhängnisvolle Jahr 1823 heran. Johann Gänsbacher hatte gerade seinen Bruder Johann Gänsbacher bei sich zu Besuch, als er sich um die Stelle des Domkapellmeisters beworben hatte. Als die Sache entschieden war und das Domkapitel Johann Gänsbacher die ehrenvolle Berufung telegrafisch mitteilte, war zufällig nur Johann Gänsbacher zu Hause, denn

Johann Gänsbacher war gerade weggegangen. Man wird sich fragen, wie es denn möglich war, dass das Domkapitel damals ein Telegramm schicken konnte? Die Antwort lautet, dass damals das Domkapitel eben seiner Zeit *voraus* war und rascher arbeitete als heute. Aber das ist ein anderes Kapitel. Fest steht nur, dass Johann Gänsbacher in Vertretung seines Bruders Johann Gänsbacher das Telegramm annahm, und deshalb nahm er auch, um die Sache nicht unnötig zu komplizieren, die Berufung zum Domkapellmeister an. Man kann sich vorstellen, dass Johann Gänsbacher sehr betroffen war, als er aus dem Wirtshaus zurückkam und bemerkte, dass sein Bruder versehentlich Domkapellmeister geworden war.

Die aufsehenerregende Feindschaft zwischen den beiden Johanns schlägt sich unter anderem auch in einigen kulturgeschichtlich bedeutsamen Ergebnissen nieder. So erklärt sich nämlich, dass einige Zeit später Franz Grillparzer mit der Arbeit an dem Drama *Ein Bruderzwist im Hause Gänsbach* begann; allerdings hat er den Titel vor der Uraufführung noch ein wenig geändert. Es ist jetzt auch erwiesen, dass das Lied *Brüderlein fein* von Johann Kopist Gänsbacher stammt und durchaus nicht zärtlich, sondern boshaft gemeint ist. Hingegen kann nicht bewiesen werden, dass Mozart in einer Art Vorahnung auf diese Sache angespielt hat, als er das Lied *Brüder, reicht die Hand zum Bunde* komponiert hat.

Das traurige Ergebnis dieses historischen Irrtums ist jedenfalls, dass Johann Kopist Gänsbacher plötzlich im Wiener Musikleben keinen Halt mehr hatte und vor dem Ruin stand. Da es sein sehnlichster Wunsch gewesen war, am Stephansdom angestellt zu werden, bat er um irgendeine ganz untergeordnete Stellung an dieser Kirche, aber er konnte nicht einmal die Domorganistenstelle bekommen. Um nicht im Asyl zu landen, bekam er auf Vermittlung seines anderen Bruders, der im Wiener Geschäftsleben wohl angesehen war, nämlich Johann Prokurist Gänsbacher, die Stelle eines Notenschreibers im vorher erwähnten Verlagshaus Haslinger. So klärt sich aber auch das letzte Rätsel auf – wieso nämlich Klavierauszug und Partitur der *Vesper* von Johann Baptist Gänsbacher fast unleserlich sind. Als letzter tragischer Witz der Wiener Musikgeschichte des frühen 19. Jahrhunderts stellte sich nämlich heraus, dass es zu den Aufgaben von Johann Kopist gehörte, das Notenmaterial für die *Vesper* seines Bruders anzufertigen. Als späte Rache setzte er alles daran, Aufführung und Verbreitung des Werkes so weit wie möglich zu verhindern, und zwar vor allem durch Erstellung einer der unleserlichsten Partituren der Musikgeschichte. Man sollte aus der Causa Gänsbacher lernen und seinen Kindern, wie viele es auch sein mögen, unbedingt verschiedene Namen geben, damit keine tragischen Irrtümer entstehen können. Das Domkapitel allerdings hat sich den Vorfall zu Herzen genommen und daraus die Konsequenzen gezogen. Seit 1823 trifft es seine Entscheidungen so bedächtig, dass Telegramme nicht mehr nötig sind.

Zwei Dispositionen

»Disposition« nennt man im Orgelbauwesen die Auflistung aller Register an einer Orgel; meist führt man auch die Spielhilfen (Koppeln, Kombinationen etc.) an. Scherz-Dispositionen sind so alt wie der Orgelbau selbst. Als ganz junger Student hörte ich vermutlich 1961 eine von Hans Haselböck. Für das nächste Faschingsfest der Abteilung für Kirchenmusik fertigte ich dann selbst eine an und ein, zwei Jahre später noch eine. Ich glaube, den »Vorstand 8'« habe ich direkt von Haselböck geklaut.

Zu meiner Verblüffung verbreiteten sich die Dispositionen im Laufe der Jahre ziemlich. 1978 druckte sie Neithard Bethke in der Festschrift zur Einweihung der neuen Domorgel in Ratzeburg ab, gab sie dort allerdings als Erfindungen von Josef von Glatter-Götz aus – in voller Absicht, wie er mir später gestanden hat; »es passte gerade literarisch so gut«. – Noch später kamen die Dispositionen von irgendeiner unerwarteten Seite nach Wien zurück und wurden in der Zeitschrift O-key als anonyme Erzeugnisse abgedruckt (in der folgenden Nummer wurde ich dann nachnominiert). Das ist deswegen originell, weil Karl Schütz sie ohnehin jahrelang in seinen orgelkundlichen Vorlesungen an der Wiener Musikhochschule verwendet hat, wobei er immer den Autor dazu gesagt hat.

DISPOSITION A

Kraftwerk	Drückpositiv
Lieblich zerhackt 16'	Hopperla 8'
Vorstand 8'	Moorflöte 8'
Hinterstöhn 8'	Schizophon 8'
Konklave 4'	junger Vorstand 4'
Ofenflöte 4'	Metallgezackt 4'
Gamsbart 2'	Witzflöte 2'
Dompfaff 2'	Machthorn 2'
Superkonklave 2'	Transalpin 2fach
Mir-nix-dir-nix 5fach	Scharfe Hupe 1'
Falott 16'	Brummhorn 8'
Eichhörnchen 8'	Auspuff 4'

Bollwerk

Laxophon 16’
Feigenprinzipal 8’
Aufsichtsrat 4’
Lazarett 4’
Joh. Seb. Bach Stelze 2’
Strohhalm 1’
Moped 1⅓’
Mixtürli uff Schwyzerart ⅔’ + ⅕’
Zuber schmierabilis 8’
Bücherregal 4’

Schuhwerk

Bombe 64’
Bassvorstand 32’
Gigolon 32’
Generaldirektor 16’
Schlapp-Bass 16’
Basskröte 16’
Tenorpiccolo 8’
Schmafu 8’
Boschhorn 4’
Korallenbass 4’
Bauernschmaus 2fach
Hinterkaffeesatz 12⅘’
Saubohne 32’
Gedacktpommeransche 16’
Kracherl 8’
Mikrophon 4’

Stauwerk

(Schleuse mit Fuß zu betätigen)
Krinoline 8’
Korsettino 8’
Box humana 8’
Schmalzbrot 4’
Schiff-Flöte 2’
Quodlibet ⅛–⅑’
Mist- und Dreck-Scharff 1⅐’
Schnulzian 16’
Trampolin 8’

Spielhilfen

Kuppler für alle Werke
Zerstörer für alle Manuale
Panzerfaust für die Zungenstimmen
Zimtstern mit Zuckerstreuer
Wackelkontakt für Box humana 8’
Crescendo-Schleuder mit voll synchronisiertem Rückwärtsgang
freie und gezähmte Kombinationen
Scheibenwischer, Rettungsanker und Coca-Cola-Automat
eingebauter Verbandskasten unter dem Fahrersitz

DISPOSITION B

Machtwerk

Lieblich zernagt 16’
Prinzipalgrimm 16’
Grundsatz 8’
Quintadröhn 8’
Oktavel 4’

Nah- und Fernwerk

Flötkolben 8’
B-Saalzional fast 8’
Lavendel 4’
Bäholine 4’
Badedas 2’

Spaßgeige 4'
Konklave 2'
Bikinium 1'
Große Mixtur 10fach
Laxophon 16'
ab c sehr einfach
Eilzugposaune 16'
Einhorn 8'
noch ein Horn 4'

Negativ

Ziemlich gewagt 16'
Gambi 8'
Viola am Ohre 8'
Auto traverso 4'
Störung 2'
Kabinett 2'
Oktav von Pfingsten 1'
Trillerpfeife 1½'
Unklarinette 16'
Egal 8'
ganz egal kein Fuß

Grunzwerk mit Rülpsomatik

Ärgernis 64'
Panzer 32'
Quint-Ersatz 32'
Düsenjäger 16'
Bärpfeife 16 tatz
Harmonium 16'
Hupbass 16'
Machthorn 8'
Turbine 8'
Alt-Saxophon 8'
Sehr altes Saxophon 9'
Prinzipanal 4'
Überschallmei 4'
Sockenspiel 2'
Ekstase 1'

Schnickschnack 2fach
Schärflein 1⅓'
Gaspommerl 16'
Bastard 1⅗'
Indianergeheul barfuß

Krustwerk

Perversflöte 8'
Fox tönende Humana 8' bis 9'
Volksstimme 4'
Affenflöte 4'
Tag- und Nachthorn 2'
Schreberquarten 4¼'
Oktavian 1'
Sola mixtura zweideutig
Montafon 16'
Pongraz 8'

Spielhilfen

60 schlecht-klingende Stimmen
61 Koppeln als Knopf, Zug, Tritt
und Leine
eigener Spieltisch
für die Registranten
größte Pfeife: das tiefe E 605
kleinste: *der letzte G²*
acht freiwillige Kombinationen

Anmerkungen zu einigen lokalen Besonderheiten in den Dispositionen

Fallot: Wienerisch für einen unzuverlässigen Menschen oder einen Gauner (ausgesprochen allerdings immer Fal<u>ott</u>)

Pommeransche: fast untergegangene Wiener Bezeichnung für Orange

Schmafu: verächtlich, herablassend; aus dem Französischen

Kracherl: Fruchtsaft mit Kohlensäure

Prinzipalgrimm: Da steckt die damalige Doyenne der österreichischen Cembalistenwelt Isolde Ahlgrimm drinnen.

B-Saalizional: Im B-Saal stand damals die begehrteste Unterrichtsorgel der Musikakademie.

Gaspommerl: Mit Gaspemmerl bezeichnet man in Ostösterreich Ziegen- bzw. Geissenkot.

Fox tönende Humana: Erinnerung an »Fox' tönende Wochenschau«

Volksstimme: damals die einzige kommunistische Zeitung Österreichs

Pongraz: Faktotum in der Musikakademie (Abendaufsicht, Portier)

Der letzte G²: Wiener Straßenbahnlinie

Josef von Glatter-Götz

Wie man eine Orgel anschafft

Eine Trilogie

Aus dem Englischen ins Deutsche transponiert von Peter Planyavsky

1. Teil: Eine amerikanische Kommödie

Herrn
Jozip van Götter-Glatz
Schwarzack
Australia, Europe

Lieber Herr G.-G.,
Ich bin der Vorsitzende des Orgelbauer-Vorauswahl-Ausschusses der Third Christian Atheist Church in Old Tucson, Arizona. Unser Musikausschuss möchte eine richtige Orgel kaufen. Der Orgeldefinitionsausschuss aber will eine Pfeifenorgel. Sodann hat der Orgel-Forschungs-Ausschuss das Problem mit der heuristischen Methode angegangen und empfiehlt ein ultraflexibles, eklektisches Instrument für allseitige Gebräuche, und zwar mit den folgenden Parametern:

1. Klang: etwa im Antignati-Veuve-Cliquot-Schnitzler-Silverman-Cavalier-Colt-Sägedacher-Stil
2. Hilfsquellen: Pedal, Hauptwerk, Schwellwerk (für die französischen Aromatiker), Brust-, Ober-, Unter-, Seiten-, Kron- und Rauschwerk, Bombarde, Echo, Fernwerk, Positiv und Negativ
3. Format: zwei Manuale und Pedal, 18 Ränke*
4. Spieltraktor: rein mechanisch und durchhängend, mit Servolenkung
5. Registertraktor: ebenfalls mechanisch durchhängend mit erleuchteten Stoßknöpfen, acht Speicher für jede Division, 16 Superspeicher, und für je fünf voll bezahlte Kombinationen eine Freikombination
6. Kuppler: alle Normal-, Manual- und Pedalkuppler – sowie alle Super-, Sub- und Melodiekuppler. Mixturen an und ab, Zungen ab und zu, Aliquoten auf und davon
7. Konsole**: eingebaute Sport- und Spieltafel mit dem völlig neuen Sitzgefühl inklusive Infrarot-Fernbedienung
8. Belüftung: garantiert gleichmäßiger, flexibel »seufzender« Wind
9. Pfeifen: abgelegtes, luftgetrocknetes, holzkohlengeräuchertes, feinjähriges, handgekrümeltes astfreies Zink
10. Detonation: offener Fuß, offener Mund, kernlos, auf Länge geschnitten, Deckel angeleimt, mit Seitenbärten (tiefe Pfeifen mit Vollbärten) und auf ganz niedlichem Winddruck (siehe Punkt 1 »Klang«); Überblasegrad und Spuckkoeffizient vom Spieltisch vorwählbar; Nachhall an und ab
11. Tremulanten: Marke »Dom Bedos«, Modell »doux«, Geschwindigkeit und Intensität von der Konsole vorwählbar
12. Verstimmung: Frühtemperaturen zwischen Pythagoras III und Werkmeister VI
13. Erscheinung: Klassisches Gehäuse ultramoderner Ausprägung, angeglichen an den geschmackvollen Stil unseres Gotteshauses. Die Farbe muss zu den Roben unserer Chor-Attrappisten passen. Wir ersuchen um vier verschiedene Entwürfe zur Auswahl (farbige Perspektiv-Zeichnungen).

Die Orgel muss für Vor-, Zwischen- und Nachspiele geeignet sein sowie den Gesang der Gemeinde unterstützen können. Weiters muss sie jedweden Solisten begleiten und die Orgelliteratur der Vergangenheit, Gegenwart und Zukunft authentisch wiedergeben können.

Im Falle Ihres ernsthaften Interesses senden Sie uns bitte innerhalb von

---

* In Amerika werden die Pfeifenreihen (ranks) einer Orgel gezählt. Sechs Register, von denen eines eine Mixtur 2fach ist, ergeben sieben ranks.

** console = englische Bezeichnung für Spieltisch

drei Tagen Ihr Angebot und nennen Sie einen Fixpreis in US-Dollar (bei Lieferung in fünf Jahren).

Schicken Sie bitte eine Liste aller Arbeiten, die Sie bis jetzt ausgeführt haben, dazu Ihre Referenzen von der Auskunftei Schimmelpfennig sowie je ein Exemplar Ihrer Auftrags-, Service-, Garantie-, Bankgarantie- und Hypotheken-Verträge.

Wie groß ist Ihr Ersatzteillager (besonders für Pfeifen, Windladen und klassische Orgelgehäuse) in den Vereinigten Staaten?

Dieser Brief ergeht an alle größeren und kleineren Orgelbauer in den USA und Kanada sowie an alle anderen Mitglieder der International Society of Organ Builders (ISO.).

Auf der Grundlage des so gewonnen Materials wird der Orgelbauer-Hauptauswahl-Spezial-Ausschuss eine Zusammenfassung erarbeiten und acht Orgelbauer für die Endrunde auswählen. Die weitere Vorgangsweise ist dann ganz einfach. Unsere Entscheidung wird noch geprüft und genehmigt von den Ausschüssen für Orgel-Architektur, Orgel-Finanzierung, O.-Montageprobleme, O.-Einweihungsvorbereitung etc. und natürlich vom Ausschuss zur Koordinierung der Orgel-Ausschüsse, danach nur noch von den Vertretungen der Pfarrgemeinderäte, Küster, Presbyter, Diakone, Sozial-Aktivitäten-Aktivisten und allen anderen Vorsitzenden und dann wird sie bereits der Gemeinde zur Abstimmung vorgelegt.

PS: Und wenn das vorüber ist, hängt natürlich alles vom Finanzierungs-Ausschuss ab, denn bis jetzt haben wir keinen Cent.

Zwei Monate später

Lieber G.-G.,
Dank für Ihr Schreiben
Betrifft: Akustik
Ich freue mich, Ihnen mitteilen zu können, dass wir jetzt die beste in ganz Arizona haben! Unser Frauenverein hat den ganzen Fußboden mit dickem Teppich bespannen lassen. Dazu gibt's noch Vorhänge und die Flaggen von allen Bundesstaaten. Was frei blieb, wurde mit Stickereien und handge-knüpften Teppichen geschmückt. An die Decke wurden schallschluckende Platten montiert. Jetzt gibt es kein störendes Echo mehr.

Betrifft: Aufstellungsort der Orgel
Auf dem beiliegenden Grundriss der Kirche habe ich alle Möglichkeiten eingezeichnet:

- die zwei Besenkammern rechts und links vorne
- der Keller
- der Dachboden
(Im Fall 2 und 3 hört man die Orgel durch die Lüftungsschächte.)
) Im Gotteshaus können wir die Orgel klarerweise nicht aufstellen, denn sie würde den Blick auf einige sehr hübsche Glasfenster beeinträchtigen, deren Spender alle noch leben. Außerdem wollen wir doch keine Pfeifen anbeten, oder?

Betrifft: Ihre Disposition
Ein Unterausschuss unseres Seniorenclubs hat eine Studienreise durch Arizona gemacht, um Register der Art, die Sie vorgeschlagen haben, zu prüfen. Leider konnten die Damen nirgends eine Zimbel oder ein Scharff entdecken, aber immerhin das meiste von den anderen Dingen. Nazard, Larigot und Terz klangen überall sehr verstimmt und »Mixtur« ist bei weitem zu schrill und rau, um für melodisches Spiel und Begleitung verwendet zu werden. Anliegend finden Sie die endgültige Disposition, die der Seniorenclub-Unterausschuss erarbeitet hat, indem er jeweils die angenehmsten und besten Register jeder besichtigten Orgel zusammengestellt hat. Übrigens – nehmen Sie Diner's Club oder American Express Kreditkarten? Haben Sie eine Vertretung in den Vereinigten Staaten? Wenn ja, geben Sie uns eine kurze Beschreibung, wo und wie Ihre Firma in den einzelnen Bundesstaaten repräsentiert wird.
Letzten Sonntagabend wollte ich Sie anrufen. Das Fräulein im Fernamt sagte mir, dass es gerade Montagmittag in Australien sei und es dort keinen Ort namens Schwarzack gäbe. Ich war etwas befremdet.
Noch etwas: Sie geben einen Preis an, aber offensichtlich nicht in Geld (denn dann müsste es ja in Dollar sein!), sondern in irgendeiner anderen Einheit, die Sie als »Schilling« bezeichnen. Da ich dieses Stichwort nicht einmal in meinem 14bändigen Konversationslexikon finden konnte, fragte ich meinen Onkel, der mir nach langem Nachdenken sagte, dass er 1944 , knapp nach der Invasion, in England auf »Shillinge« gestoßen sei, als er mit einer gewissen Lilli Marleen gepokert habe. Allerdings gäbe es diese »Shillinge« heute nicht mehr und man hätte sie auch ohne c zwischen s und h geschrieben. Aber dann erinnerte sich meine Tante an eine einsame Insel in der Nähe von Tahiti und dort soll die Lieblingsfrau des Medizinmannes eine Halskette tragen, die aus durchlöcherten Münzen besteht, welche wiederum … na, egal.
PS: Meine Frau macht demnächst eine Pauschalreise nach Europa und laut Prospekt hat sie in München 15 Minuten zur freien Verfügung. Gibt es in der Nähe des Hofbräuhäuses eine größere Orgel aus Ihrer Fabrik?

Lieber G.-G.,
Ich bin der Organist der Third Christian Atheist Church in Old Tucson
Arizona. Ich bin Schüler von M. C. Alain und A. Heiller, die mir eine
ganze Stunde Unterricht gegeben haben (zusammen mit den anderen 27
Teilnehmern des Kurses).
Da ich möglicherweise einmal einem der Unterausschüsse oder sogar
einem Ausschuss für die neue Orgel angehören werde, möchte ich eine
Studienreise zu vielen Orgeln und Orgelbauern unternehmen.
Die beste Methode, eine Orgel kennen zu lernen, ist naturgemäß die, dass
man darauf ein Konzert gibt und eine Aufnahme macht. Würden Sie daher
so freundlich sein, eine kleine Konzerttour auf Ihren Orgeln in
Deutschland, Österreich, der Schweiz und Liechtenstein zu arrangieren?
Ich bin diesen Herbst frei und mit guten Honoraren plus Spesen zufrieden.
Ich ziehe eine Gesamtaufnahme der Orgelwerke von P. D. Q. Bach auf
einer »REIGER«-Orgel in Betracht, vorausgesetzt, dass Sie die nötigen
Verhandlungen mit einer geeigneten Plattenfirma (Deutsche
Grammophon?) führen.
PS: Ich brauche eine Hausorgel – 3,24 m hoch und zu einem vernünftigen
Preis – die ich mit dem Reinertrag der Konzertreise und den Tantiemen
von den Schallplatten finanzieren möchte.

2 Jahre später

Lieber G.-G.,
Wir freuen uns, Ihnen mitteilen zu können, dass den Auftrag zum Bau
unserer neuen Orgel Mr. G. D. O. Jones erhalten hat. Er ist nicht nur
Mitglied unserer Kirchengemeinde und hat soeben sein erstes Portativ
mittels eines Selbstbausatzes fast fertig gestellt, sondern er bietet uns auch
dreimal so viele Register zum halben Preis. Außerdem konnte er die
berühmten Meister ST. Inkens, G. Iesecke, L. A. Ukhuff und andere zur
Mitarbeit an seinem Projekt gewinnen.

PS: Meine Frau hat die Kirche mit ihrer Orgel in München nicht finden
können und hat stattdessen ein echtes Tiroler Trachten-Kostüm und einen
antiken Bierkrug (von Neckermann) mitgebracht.

74

1 Jahr später

Lieber G.-G.,
Es gibt eine ganz kleine Verzögerung von etwa neun Monaten bei der Endmontage unserer neuen Orgel. Einige Zulieferer aus Europa haben nämlich die Angaben von unserem Herrn Jones, die in »Zoll« gedacht waren, als Zentimeter gelesen, andere haben dafür manches, was in »Fuß« sein sollte, in Metern gebaut. Dadurch waren ein paar Teile eine Kleinigkeit zu kurz und alle anderen ein bisserl zu lang. Und auch mit der Elektrizität haben wir momentan Schwierigkeiten. Wir können zwar stolz sein, dass unser Strom der schnellste von allen ist (unser hat 60 Hz, eurer nur 50), aber wenn's um Volt geht, sind wir schwächer – wir bringen's nur auf 115, während die Europäer sich 220 leisten. Damit scheint zusammenzuhängen, dass der Motor und der Gleichrichter nicht funktionieren.
Dazu kommt ein neues Problem: Während die Montage aus besagten Gründen für kurze Zeit unterbrochen war, sind Mäuse in unsere wunderbare Orgel eingezogen und vermehren sich dort mit unglaublichem Eifer.
Wir haben sofort einen Mäuse-Ausschuss konstituiert, der sich mit allen Aspekten dieser neuen Situation vertraut machen soll. Der einzige Punkt der Tagesordnung war die Entscheidung, ob die Mäuse vernichtet werden sollen oder nicht. Bei der ersten Sitzung war die Beschlussfähigkeit nicht gegeben. Aber schon in der zweiten wurde die Frage mit einem einstimmigen Ja zur endgültigen Beseitigung der Tiere beantwortet.
Nach einigem erfolglosen Suchen nach dem Rattenfänger von Hameln und nach dem ebenso erfolglosen Versuch, die Mäuse durch psychischen Druck zur Flucht zu bewegen (etwa durch die unvergessliche einstündige Predigt unseres Pfarrers über die Frage »Kirche oder Mausoleum«) war eine neue Entscheidungssituation heraufbeschworen:
– Ist es ethisch vertretbar, ein Geschöpf Gottes umzubringen?
– Wenn ja, darf man es in der Kirche umbringen?
– Wenn ja, wie?
Eine Unmenge von verschiedenen Methoden wurden in fünf schwierigen Situationen erwogen: die Mäuse versehentlich niederzurennen, die Mäuse mit einer Fliegenklatsche zu erschlagen, oder, noch besser, mit einem Besen, die Mäuse mit passenden Gegenständen totwerfen etc.
Schusswaffen wurden ebenso einmütig abgelehnt wie Gift. Der Ausschuss hatte sich in eine Sackgasse manövriert.
Inzwischen bekamen die Mäuse fleißig Besuch von ihren Verwandten und erhielten außerdem Verstärkung. Nachdem sie alles vorhandene Leder und Filz verspeist hatten, konzentrierten sie ihre ganze Kraft auf Leim, Papier, Kissen und Vorhänge.

PS: Gestern spätabends wurde über die Verwendung einer Mausefalle Einigung erzielt. Das stimmt nämlich mit unserer demokratischen Verfassung überein. Die Maus hat die freie Wahl – sie kann, aber muss nicht in die Falle gehen. Es wurde sofort ein Antrag an den Orgel-Finanzierungs-Ausschuss gestellt zwecks Zurverfügungstellung von Mitteln zum Ankauf einer Mausefalle, außerdem ein weiterer Antrag an den Ausschuss für den kirchlichen Betriebsdienst, den Hausmeister mit der Aufstellung und Wartung der Falle zu beauftragen. Gleichzeitig stellte sich heraus, dass die Mäuse schon 18 Bände der *Geschichte der Christian Atheist Church in Arizona* verschlungen hatten.

3 Jahre später

Lieber G.-G.,
als unsere Orgel zu spielen aufhörte, ist Herr G. D. O. Jones in eine andere Stadt umgezogen. Immerhin konnten wir die Pfeifen mit großem Erfolg beim letzten Weihnachts-Flohmarkt verkaufen. Mit dem Reingewinn haben wir das Modell »Domklang GTI« von Jammer-Ha angeschafft. Es ist vollautomatisiert, volltransistorisiert, vollminiaturisiert und vollidiotisiert. Es unterdrückt alle falschen Noten, spielt den richtigen Bass zu jeder Harmonie und gleicht sich automatisch an den langsamsten Sänger der Gemeinde an. Es hat den roten RAF, den blauen BDO und den weißen HiFi, lässt auf Knopfdruck (unter bestimmten Voraussetzungen sogar ohne Knopfdruck) jedes beliebige Lied aus unserem Gesangbuch hören und wählt selbst die passenden Stücke für Hochzeiten, Begräbnisse etc. aus.

PS: Mein Sohn Bill hat die ganze Zeit die herrlichen österreichischen Briefmarken von Ihren Umschlägen gesammelt. Könnten Sie ihm die kleine Freude machen und ihm die vollständigen Sätze aller österreichischen Briefmarken schicken (am besten zweimal – einmal postfrisch, einmal mit Ersttagsstempel) von Nummer 1 an?

2 Jahre später

Lieber G.-G.,
letzte Woche hatten wir ein Begräbnis, während dessen unser »Domklang GTI« zunächst den Hochzeitsmarsch spielte. Später, zur Kommunion, gab er eine Mischung von Samba und Polka zum Besten. Der diensthabende

Orgelwart programmierte das Gerät in höchster Verzweiflung auf das Lied *Kann Gott Dein Seel erweichen* um, irrte dann aber beim ersten Wort, so dass die Orgel ein zweistündiges Konzert von Karel Gott abspielte, allerdings mit Hyperhall und Spezialspuck. Als der Orgelwart – wie in der Betriebsanleitung für solche Fälle vorgesehen – den Schleudersitz betätigte, ertönte sechsmal der vorletzte Takt von Bachs *Kunst der Fuge* und plötzlich gingen in der ganzen Diözese die Lichter aus.

Der Jammer-Ha-Vertreter für Arizona hat uns mit Bedauern wissen lassen, dass er für einen »Domklang GTI« keinerlei Ersatzteile lagernd habe, da dieses Modell schon längst veraltet sei und nicht mehr produziert werde. Er könne uns aber zu einem sehr günstigen Preis die neueste Schöpfung auf diesem Gebiet liefern: »Blockwerk 4711 SL«.

Und außerdem bin ich in der Eigenschaft als Vorsitzender des Orgel-Ausschusses zurückgetreten. Es wird sich ein neuer Orgel-Ausschuss konstituieren.

PS: Inzwischen verwenden wir das Harmonium aus der „roten Laterne" (gleich nebenan in der Hauptstraße) und, bei besonders festlichen Gelegenheiten, ein Quartett von gestimmten Luftschutzsirenen.

1 Jahr später

Lieber G.-G.,
ich bin der Vorsizende des Orgelbauer-Vorauswahl-Vorausschusses der Third Christian…

Da capo al fine

2. Teil: Eine deutsche Tragödie

Sehr geehrte Herren!

Ich bin der Orgelkonsulent, -berater, -fachmann, -experte, -akustiker, -gestalter, -statiker und -fanatiker sowie der bevollmächtigte Vertreter einer evangelischen Kirchengemeinde in Nord-Süddeutschland. Ich möchte Sie hiermit auffordern, sich um den Bau einer Orgel in oben genannter Kirchengemeinde zu bewerben. Ihr Angebot wollen Sie auf den hier beigeschlossenen Unterlagen aufbauen:

- Disposition mit Spielhilfen
- Zusammenstellung der Mixturen und Kornette
- alle Mensuren für alle Pfeifen und genaue Angaben für alle Legierungen
- kurze Abhandlung über die richtige Herstellung der einzelnen Pfeifen (Die Ausschreibung zwang mich zur Beschränkung auf die beiliegende Kurzfassung von 124 Seiten, jedoch bin ich bereit, Ihrem Pfeifenmacher im Falle der Auftragserteilung an Ihre Firma eine vierwöchige Spezialausbildung in meiner Orgelheimwerkstatt zu geben. Also machen Sie sich keine Sorgen wegen der Pfeifen!)
- Zeichnungen von Gehäuse, Windladen, Windführung und Traktur 1:1:5:10:25:50:100:50.000
- dreidimensionale Schnittzeichnung des Spieltisches; die Abmessungen sind identisch mit jenen Normmaßen, die zuletzt 1848 im *Jahresblatt der Lützelburgisch-Hinterpommerisch-Linksrheinisch-Ostfälisch-Südschlesischen Marktgemeinden Windisch-Grätzischer Patronanz* als verbindlich publiziert wurden.
- ein weiterer kleiner Stapel von Detailzeichnungen, komplett mit Liste aller restlichen Teile, samt Netzplan und Kalkulationsformular (Software von Garnixdorf)
- zu Ihrer Bequemlichkeit noch ein General-Montage-Plan (1:10), koloriert, mit klipp und klaren Anweisungen in Deutsch, Jugoslawisch, Türkisch und Urdu
- Kontrakt- und Garantieformulare, bereits von der Kirchengemeinde genehmigt und von unserem Superintendenten handgesegnet
- ein Service-Vertrag,»bis der Tod uns scheidet«, vielleicht sogar noch länger

Ich selbst würde persönlich

- einmal in der Woche den Baufortschritt des Instrumentes in der Werkstatt bzw. im Kirchenraum kontrollieren,
- alle C-Pfeifen vorintonieren, so dass Ihr Intonateur nur die restlichen Töne dazupassen muss,
- die endgültige Intonation in der Kirche leiten,
- das Gehäuse grundieren, imprägnieren, lackieren und panieren und alle Verzierungen und Schleierbretter in meiner Orgelbauheimwerkstatt anfertigen,
- ein Orgelstück für die Orgelweihe komponieren,
- die jubelnde Menge in der Kirche begrüßen, den Gottesdienst halten, predigen, singen, Orgel spielen, den Chor dirigieren, die Glocken läuten, den Wein kühl stellen, Geld absammeln und nach der Einweihung Interviews geben,
- die Orgel vor und nach der Einweihung den Medien präsentieren (TV, Radio, *Bild-Zeitung*, *Hör Zu*, *Mach mit*, *Kauf mehr*, *Schöner wohnen*, *Lauter spielen*, etc.) und sie allen Interessenten, Insidern, Informationswütigen, Intriganten und Idioten zu jeder Tages- und Nachtzeit vorführen,
- die Kritiken über meine Konzerte und Vorführungen schreiben,
- eine Monographie über die Orgel verfassen (Bärenreiter),
- dereinst unter der Orgel begraben sein.

Ihre Leute sollten vor Beginn der Arbeit mein Buch gründlich durcharbeiten bzw. immer auf der Werkbank liegen und griffbereit haben. Es handelt sich um *Kernstichphilosophie und Kernstichphänomenologie bei Xaverius Gugelhupf*, 7 Bände zu je DM 36,40 (DM 35,10 bei Abnahme von mindestens 10 Expl.), erschienen im Selbstverlag der Urorgelseinswesenheitstumsgutsinhaltsbewahrungserforschungsgesellschaftenvereinigungsverband e. V.

PS 1: Um selbstzerstörerische Konkurrenz von vorneherein auszuschließen (denn sie führt ja bloß zu Orgeln verschiedenen Stils und Tastendruckes), habe ich auch schon den Preis der Orgel ausgerechnet. Dieses Ergebnis ist als verbindlich zu betrachten: Nach reiflicher Überlegung habe ich in Ihr Vertrags- und Garantieformular den Preis von   0,00 für die komplette, spielfertige Orgel eingesetzt. Sie müssen zugeben, dass das noch äußerst großzügig ist, wenn man bedenkt, dass Sie der erste katholische Orgelbauer in dieser traditionell protestantischen Gegend seit dem Dreißigjährigen Krieg wären. Außerdem ist es hier jedem aufrechten Kirchenmitglied stets schmerzlich bewusst, dass niemand anderer als

Wallenstein selbst die Prospektpfeifen der ehemaligen Orgel mitgenommen hat (1640), um sie in Munition gegen die Reformation umzuschmelzen, wodurch die Schlacht bei Austerlitz gegen Gustav Adolph gewonnen wurde, was zur Folge hatte, dass dessen Tochter, Königin Christine, zum Katholizismus übertrat und nach Rom, ja ausgerechnet nach Rom, übersiedelte!

PS 2: Da ich Ihnen alle Berechnungen, Pläne, Mensuren, Legierungen und überdies meine unschätzbare Erfahrung zur Verfügung stelle, damit Sie überhaupt ein Angebot für diese Orgel machen können, ersparen Sie sich ja eine Unmenge Geld! Vermutlich werden Sie darüber hinaus alle diese wertvollen Informationen für weitere Orgeln verwenden, was Ihnen weiteres Geld spart, und zwar immer wieder! Und dann sollten Sie noch den immensen Werbeeffekt bedenken, der sich dadurch ergibt, dass Sie mit mir persönlich zusammenarbeiten dürfen.

Es ist daher nur recht und billig, wenn Sie als kleine Gegenleistung für alle die genannten Vorteile eine kleine Spende von DM 50.000,- an den UROR-GEL etc. etc. Verband e. V. überweisen. Dieses Geld kommt einzig und allein der Forschung, Dokumentation und Paralyse der Prä-Ktesibos-Orgel in China zugute. Ich weiß das zufällig genau, da ich der Präsident des Urorgel-blah-blah-Vereins bin. Momentan konzentrieren sich die Nachforschungen auf die Orgellandschaft des Bezirkes Hsan-Hsen-Hsin, Provinz Hson-Hsun, zur Zeit der Ping-Pong-Dynastie (ca. 0815 v. M.) (vor Mao).

Beiliegend noch:

- Postanweisung für Spende
- Postanweisung für Mitgliedsbeitrag für Urorgeladfghjklöäscvbnz e. V.
- Formulare für Antrag Unterstützende Mitgliedschaft auf Lebenszeit
- Bestellschein für die Vierteljahresschrift des Uro...

3. Teil: Traum oder Alptraum

Grüß Gott!!! Dürfen wir stören? Ich bin Organist. Das hier ist ein Kollege von mir und das hier ist ein Kollege von Ihnen – der Orgelstimmer aus dem Nachbardorf.
Mein Dom braucht eine neue Orgel. Das Geld haben wir schon. Nein, keinen Sachverständigen! Was der Orgelbauer sagt, ist uns heilig.
Wir besuchen Orgeln, Orgelbauer und Werkstätten. Wir spielen und horchen. Wir prüfen Klang und Widerhall in der Gemeinde. Wir fragen Pfarrer, Organist und Vorstand über ihre Leute. Unser Orgelbauer da prüft Konstruktion und Ausführung, Material und Verarbeitung.
Auf diese Weise werden wir uns zwei einheimische und zwei ausländische Orgelbauer aussuchen – so bekommen wir die bestmögliche Orgel für unsere Kathedrale.

– Wohin tun Sie Orgel, Chor und Orchester?
– Wie sieht die Orgel aus?
– Wie ist Ihre Disposition?
– Ihre sonstigen Bedingungen?

Eine neutrale Jury wird die vorgelegten Projekte nach den einzelnen Kriterien beurteilen und Punkte vergeben, ohne dass die betreffende Firma dieser Jury bekannt ist.
Der Anschaffungspreis beeinflusst die Entscheidung in keiner Weise – aber dafür der Preis der Orgel pro Jahr ihrer Lebenserwartung.
In diesem Wettbewerb ist der erste Preis der Auftrag. Die Verlierer werden großzügig für ihre Mühe entschädigt.
Hier haben Sie eine Mappe voll mit Plänen unseres Domes, komplett mit allen Längen und Breiten und Tiefen für alle möglichen und unmöglichen Standorte der Orgel, ein Album mit vielen hervorragenden Schwarz-Weiß-Photos, eine Schachtel mit 86 Farbdias von allen Innen- und Außendetails, ein Buch über Geschichte und Architektur des Domes, die Dommusikprogramme der letzten fünf Jahre, Nachhalldiagramme vierfach (leer, halbbesetzt, vollbesetzt, brechend voll), außerdem noch …

Brief des Bischofs

Hochverehrter, lieber Orgelbaumeister!
Sie haben den Auftrag gewonnen, und wir sind alle froh darüber. Bitte
erweisen Sie uns die Ehre und kommen Sie nächsten Sonntag zum
Hochamt. Ein Offizier der erzbischöflichen Leibgarde wird Sie und Ihre
geschätzte Begleitung um 10.45 Uhr am Hauptportal erwarten und zu
reservierten Plätzen im Chorgestühl des Peter-und-Paul-Schiffes geleiten.
Er wird Sie nach der Messe zum Palais des Bischofs zu einem bescheide-
nen Imbiss und einem Schluck edlen Rebensaftes bitten. Bei dieser
Gelegenheit möchte ich Sie ersuchen, mir und einigen engen Freunden
unsere, nein: IHRE! Orgel zu erklären.
Ich möchte nicht versäumen, unseren geschätzten »organifex« diesen meinen Freunden vorzustellen:

– dem Dombaumeister samt Belegschaft der Dombauhütte
– dem Domarchitekten samt seinen Leuten
– dem Domkunstsachverständigen samt seinen Assistenten
– den Direktoren des Stadtkirchenbauamtes
– den Abgesandten des (nichtkirchlichen) Stadt-, Bezirks-, Landes- und
  Bundesbauamtes
– den wesentlichen weisen Männern des Landesdenkmalamtes und des
  Bundesdenkmalamtes
– dem Landeskirchen-Kirchenmusik-Musikdirektor
– dem Domorganisten und dem Domkapellmeister
– den vereinigten Vereinigungen der »Freunde des Domes« sowie der
  »Domfreunde« und dem Domkapitel

Und just an dieser Stelle gibt es – wie immer – eine Denkpause und zwei
Möglichkeiten:
A) die Bessere: Der Orgelbauer bleibt zu Hause und baut eine großartige
   Domorgel. Und wenn er stirbt, geht er in Ehren in die Legende ein. Bei
   seinem Begräbnis spielt die Orgel ganz von selbst:»Jetzt trinkt er kei-
   nen Rotspohn mehr«.
B) die Schlechtere: Der Orgelbauer folgt der Einladung. Diener öffnen
   Türen zum barocken Prunksaal. Kristall-Luster aus Böhmen spiegeln
   sich in Meissner Porzellan und in mährischen Silberplatten, das Ganze
   auf schlesischem Damast. Bischof winkt mit Ringfinger, Organist
   beginnt mit Aperitivo von Klothilde Antoilette auf zweimanualigem
   Cembalo.

Nach zwei Stunden Essen und Trinken winkt Bischof erneut mit
Ringfinger. Organist spielt Digestivo mit sieben Variationen. »Mahlzeit!
Und nun, würden Sie bitte so nett sein ...« Orgelbauer hängt preisge-
krönte Zeichnung von zukünftiger Orgel an die Wand und löst lauter
»Ah's!« und »Oh's!« aus, dazwischen noch einige »Phantastisch!« und
mehrere »Erwartungen übertroffen!« Orgelbauer gewinnt erste Runde.
Und zwar nur die erste.

1. Architekt:
Hohe Herren! Ein Geniestreich! Eine Stele! Eine freitragende Skulptur mit
den Umrissen einer Mandorla! Wirklich ingenieus und außerdem herrlich
durchdacht und ausgeführt! Genau, was wir suchten! Meine Hochachtung!
Endlich die Symbiose zwischen Tradition und Avantgarde, auf die wir so
lange gewartet haben!
Nur ein kleines Detail am Rande, eine Winzigkeit – nur eine ganz unwich-
tige Frage aus persönlicher Neugier – beachten Sie's gar nicht: Was sind
diese schwarzen Dreiecke gleich über den Pfeifen? – Ach so! Na wenn das
nur leerer Raum ist, dann könnten wir doch einfach das Dach der Orgel um
Einiges weiter heruntersetzen. Aber das ist natürlich nur so eine hingewor-
fene Idee, die Sie sich in Ruhe überlegen könnten!

2. Arch.:
Sehr richtig! Und wenn wir schon oben Höhe wegnehmen, sollten wir das
untere Ende anheben. Warum sind die Füße der Pfeifen so lang?

3. Arch.:
Ganz klar! Aber dann müssen wir natürlich im selben Verhältnis in der
Breite reduzieren, um die Balance des Ganzen in seinen Proportionen
wiederherzustellen. Das ist ganz leicht: Wir lassen jeweils die äußersten
fünf Pfeifen weg und machen die Orgel optisch noch leichter dadurch.
Halb so viel Gewichtigkeit würde grad richtig sein!

4. Arch.:
Was sind das übrigens für komische Holzwände rund um die Pfeifen?
Sieht aus wie Speditionskisten. Ich habe gerade eine Skizze gemacht. – Sie
werden mir zustimmen, dass die Orgel ohne sie viel besser aussieht.
Außerdem hat ein Gehäuse immer irgendeinen Stil, aber Pfeifen allein pas-
sen zu jedem.

5. Arch.:
Wäre es nicht eine tolle Idee, wenn man die Pfeifen in einem harmoni-
schen Schema anordnen würde, zum Beispiel wie Engelsflügel?

6. Arch.:
Ganz im Gegenteil! Die sollten lieber alle dieselbe Länge und denselben Durchmesser haben – wie Soldaten! Dieser Dom steht schließlich auf preußischem Grund und Boden! Oder nicht???

7. Arch.:
Genau! Und dann sollten wir sie umgekehrt reinstecken oder reinhängen oder wie auch immer das befestigt wird, und die daraus resultierenden Kurven sollten an die schreckenverbreitenden Helme der glorreichen Infanterie von Friedrich dem Großen erinnern! Diese Kurven würden auch mit dem Gewölbe übereinstimmen! Dann geben wir noch ein paar Flaggen und Lanzen dazu und schon...

8. Arch.:
Nein! Alle Pfeifen, die klingen, müssen auch sichtbar sein so wie ein Geistlicher, der predigt! Irgendwann in den Dreißigerjahren habe ich eine Orgel von Wackler – oder wie er heißt – gesehen, da waren alle Pfeifen in wunderbar ausdrucksvollen Reihen kreuz und quer angeordnet und haben auf diese Weise auch ganz ehrlich und demütig ihre wahre Länge zu erkennen gegeben.

9. Arch.:
Da ha ick watt viel Spassigeres. In Sevila oder so liegen alle Flöten waagerecht. Doller Effekt.

38. Arch.:
Unsere kleinen Probleme sind ganz einfach zu lösen! Ein lebensgroßes Phantom-Modell ist doch ganz was anderes als Zeichnungen und Diskussionen! Unser Dombaumeister soll uns so was an die geeignete Stelle hinbauen!

Bravo, bravo, bravo!

(Ein Phantom-Modell ist ein meist windschiefer Klapperatismus aus alten Holzplatten, maskiert mit Papier oder Tuch. Es sieht immer genauso aus wie ein noch nicht enthülltes Denkmal von Ku-Klux-Klan-King-Kong.)

1. Baumeister:
Wenn man Ihre Zeichnung von Süden her betrachtet, wird einem klar, dass Sie die Orgel direkt vor den Bogen des fünften Jochs (von Westen aus gerechnet) bzw. siebten Jochs (vom Osten aus gerechnet) der Nordwand des Kirchenschiffes stellen wollen!! Das geht ja gar nicht, denn genau dort haben wir eine extraspezialverstärkte Beton-Empore eingezogen. Sie wiegt 12,468.64 Kilopond und hat 64.063,75 DM gekostet – und das bei einem

mittleren Druck von 12,0075 Quadratatü per Kubikdezibel, das wären 0.75285 Joule bei 17,5° Celsius und 0,76642 Feuchtigkeits-Bernoulli, eine durchschnittliche Ausdehnung zwischen 6° und 19 % La Roche-Foucault vorausgesetzt, die durchaus mit DIN 0815/ARD-00-ZDF übereinstimmt.

2. Baumeister:
Sie wollen allen Ernstes dieses gewaltige Zeugnis unserer zeitgenössischen Architektur entfernt haben? Es ist erst zehn Jahre alt und gewissermaßen das Lebenswerk unseres verehrten Staats-Ober-Regierungs-Baumeisters! Das wäre sein Tod! – *(Es war tatsächlich sein Tod.)*

3. Baumeister:
Dieser Aufstellungsort kommt überhaupt nicht in Frage. 32 Tonnen Orgel, sagten Sie? Das hält ja der Boden gar nicht aus. Da müssten wir so etwa zwei Dutzend Pfähle in den Untergrund rammen, und wenn wir das tun, zerbröselt uns der ganze schöne Dom unter den Fingern. Außerdem würden wir dadurch den Hauptabwasserkanal anbohren, die Hauptwasserleitung durchlöchern, die Telefonkabel zerstören, die Kraftstromleitung kurzschließen, die Hauptverteilerplatte der Lautsprecheranlage anknabbern, 34 Leitungen für die Schwerhörigen-Apparate entwurzeln, die Nebenlüfter der Hauptlüfter in die Luft gehen lassen etc. etc.

Nach dem 18. Baumeister – 1. Denkmalpfleger:
Obwohl ich die rein ästhetische Betrachtungsweise des Architekten verstehen kann, schließe ich mich der Meinung der Baumeister 2 bis 11 und 17 vollinhaltlich an und halte den in Frage stehenden Aufstellungsort für idiotisch. Allerdings aus einem ganz anderen Grund: Denn dort ist der Grabstein Gustav des Gusseisernen in die Wand gelassen, und ich werde meine ungeweihten Hände nicht dazu hergeben, seine edle Ruhe anzutasten – sonst ist es um unsere Lande geschehen!! Wollen Sie mir also gütigst erlauben, dass ich nochmals sage: Diese Idee ist eine Schnapsidee!

Der 2. Denkmalpfleger:
Diese Orgel würde auch die Rosette verstellen. Sie besteht zwar zugegebenermaßen nur aus ein paar kreisförmigen Scheiben farbigen Glases und ist auch erst ein Jahr alt, aber sie ist gestiftet worden. Und zwar von niemand Geringerem als der Altherzogin Rosette von Butzenscheib. Außerdem soll man sich nicht einreden, dass Kirchenfenster da sind, um Licht herein und Blicke hinauszulassen – sie sind zum *Anschauen* da!

Der 3. Denkmalpfleger:
Ich sehe mit einigem Entsetzen auf dem Grundriss, dass dieses Monster von einer Orgel 180 cm aus der Wand herausragt und dann noch weiter

dreieckt und pedaltürmt und spieltischt! Das ist schlicht und einfach unmöglich! Mein Amt gibt nur dann Zustimmung, wenn die ganze Orgel höchstens 38 cm aus der Wand ragt.

Der 4. Denkmalpfleger:
*Aller*höchstens 38 cm – und mein Amt besteht darauf, dass die Prospektpfeifen genau in der Farbe der Wand gestrichen werden, damit man diese schamlose Zutat nicht so leicht mit dem unbewaffneten Auge erkennen kann.

Der 5. Denkmalpfleger:
Als dieser Dom vor etwa 1000 Jahren unter der glücklichen Regierung unseres lieben Pippin des Pickligen – der uns doch allen noch so lebhaft vor Augen steht, als ob's gestern gewesen wäre! – erbaut wurde, da gab es weit und breit keine Orgel. Und zufällig sind wir heute in der glücklichen Lage: Alle früheren Orgeln sind fort – keine einzige mehr verunziert diese edlen Wände oder stört die Harmonie der genialen Emporen. Der Dom ist endlich davon befreit – sauber und keimfrei steht er da. Liebe Freunde – lassen wir ihn doch so! Keine Orgel ist die beste Orgel!

87 »Jawohl's« – von Mitgliedern der I. D. I. O. T. (Integratives Dom-Internes Oppositions-Team), die sich zwischen 16. Architekt und 9. Denkmalpfleger unbemerkt in die Sitzung eingeschlichen haben.

1. I. D. I. O. T.-Sprecher:
Ihr seid wohl nicht mehr recht hinzukriegen? Der Bischof will eine Million für einen gigantischen Leierkasten verbraten? Das haut den größten Eskimo von der Palme. Wir verlangen, dass diese Million der Aktion »Hosenträger für die Kwxctiutl-Indianer« zugute kommt.

2. I. D...:
Na und was ist mit Biafra, Vietnam, Sahel, Uganda, Ostfriesland, Kambodscha?

3.:
Halt! Bevor wir die Probleme draußen in der Welt lösen können, müssen wir unsere eigenen angehen! Was wir brauchen, ist ein autonomes Jugendzentrum – eine neue Kulturstelle gegen die alten Kulturstellen – mit einer Bibliothek aller Micky-Maus- und Asterix-Bände und gesammelte Anleitungen zum Bombenbauen, Flugzeugentführen und Hausbesetzen.

4.:
Nein! Diese Million sollte besser unseren Freunden in der PLO zur Verfügung gestellt werden oder der APO oder IRA oder ETA oder NONE.

Domorganist:
Danke für das Stichwort! Ich brauche unbedingt eine None ⅗'. Das sind ja
nur ein paar kleine Pfeifen, höchstens drei cm lang oder so, aber die brauche ich, um den 4. Satz der 9. *Triosonate* von Bach historisch einwandfrei
und authentisch spielen zu können. Allerdings hat eine None ohne Terzian
wenig Sinn, abgesehen davon, dass ein Terzian am besten eine Quintadena
8' als Basis hat und vielleicht noch einen Principal 4', nämlich in einem
noch zusätzlich zu planenden Brustwerk als 4. Manual. Die logische
Konsequenz lautet, dass das Rückpositiv auf Prinzipal 8' stehen muss.
Daraus geht hervor, dass es im Hauptwerk einen offenen 16' im Prospekt
geben muss, einen weiteren gedeckten 16' im Gehäuse und natürlich auch
eine 16' Zunge!

Schatzmeister:
Mein lieber junger Domorganistenfreund, diese kleinen Änderungen werden Sie gewiss doch aus Ihren Privatmitteln finanzieren! – *(Er tat's!)*

Bischof:
Lieber Orgelbaumeister! Jetzt wissen Sie also ganz genau, was wir alle
wollen. Bitte arbeiten Sie alle diese kleinen Änderungen in einen neuen
Entwurf hinein, den Sie uns gütigst innerhalb von sechs Monaten vorlegen
wollen! Möge die Hl. Cäcilia Ihren genialen Verstand dazu erleuchten und
der Hl. Christophorus Sie sicher heim in die Werkstatt und wieder zu uns
geleiten und führen!

6 Monate später:

*Die Hälfte der Teilnehmer dieser Sitzung war bei der ersten Sitzung nicht
dabei und weiß daher von der ganzen Sache nichts. Die andere Hälfte hat
alles vergessen.*

30 Jahre später

*Der Enkel des Orgelbauers, der damals den ersten Preis gewonnen hat,
präsentiert dem Komitee den 60. Entwurf der Orgel. Der Aktenschrank im
Büro des Orgelbauers ist jetzt doppelt so groß, und es steht nur dieser eine
Akt über dieses eine Orgelprojekt drin.
Dafür ist jetzt beim 60. Entwurf das Orgelgehäuse nur mehr halb so groß
wie im ursprünglichen Entwurf, enthält aber immerhin doppelt so viele*

Register wie anno dazumal, außerdem noch zwei zusätzliche Werke sowie einen Untersatz 32' und eine Posaune 32' mit voller Länge, ganz zu schweigen von der Tromba-en-chamade 10⅔'. Die Verhandlungspartner des Orgelbauer-Enkels sind der Bischof Nr. 6 und der Domorganist Nr. 16 n. Krv. (nach Kontraktvergabe). Der Orgelbauergroßvater starb in einem Irrenhaus und der Orgelbauervater an Auszehrung, Schwindsucht und Entkräftung. Die Stadt-, Landes-, Bezirks-, Diözesan- und Bundesleute von den etc. usw. Ämtern starben an Fettleibigkeit, Verstopfung und Leberzirrhose. Die Orgelidee starb, weil mit dem vorhandenen Geld die Spesen der Komiteemitglieder beglichen wurden.

Ende

Warum ich unechte Rosen ins Wasser stelle

Dieser Artikel erschien zuerst in Singende Kirche, 42. Jg., 1994/95, S. 192 und wurde dann mehrmals nachgedruckt, unter anderem in den kirchenmusikalischen Nachrichten von Köln und Freiburg. Zu meiner großen Freude war der Aufsatz eine Zeit lang Bestandteil der Standard-Handreichung in der Ostschweiz für Kirchen, die die Anschaffung einer E-Orgel in Erwägung zogen. Zu meiner wesentlich geringeren Freude bin ich seither der Buhmann für die E-Orgel-Lobby (wir wollen keine Namen nennen), wahrscheinlich deshalb, weil mit diesem Aufsatz eine völlig neue Argumentationslinie eröffnet wurde, zu der bis heute keine wirklich treffende Gegenposition formuliert wurde.

Eine wahre Geschichte: Eine liebe alte Freundin schenkte mir einmal eine Rose. Haushalt und ähnliche Bürgerlichkeiten sind meine Sache nicht – ich gebe es zu. Ich legte die Blume auf den Tisch und vergaß darauf; wahrscheinlich hatte das Telefon geläutet. Die Rosenspenderin kam dahinter, und statt beleidigt zu sein, machte sie sich eine mentale Notiz. Nach etwa einem Jahr – es muss der gleiche Anlass gewesen sein – bekam ich zwei wunderschöne Rosen von ihr. Tags darauf fragte sie: Hast du sie eingewässert? Ich konnte aus vollem Herzen »Ja freilich« antworten. Worauf sie sich maßlos erheiterte: Das seien keine echten, sondern sehr gut gemachte Kunstrosen (mit Stiel aus Draht und so) gewesen. Und ob ich das wahrhaftig nicht gemerkt hätte.

Halten wir also fest: Gut gemachte Kunstrosen sind, vor allem von jemandem, der nicht Blumenbinder oder Rosologe ist, nicht von echten zu unterscheiden (mag sein, dass ich ein besonders krasser Einzelfall bin, aber immerhin, es passiert). Und nun ziehen wir den Schluss: Daher ist eine Kunstrose »genauso gut« wie eine echte, weil sie nicht zu unterscheiden ist. Nein, wir ziehen nicht? Wir schenken einer geliebten Frau weiterhin eine echte, obwohl die künstliche »nicht zu unterscheiden« und »kostengünstiger« ist? Ei! Gibt es also noch andere Kriterien im Bereich des Kulturellen – solche, die sich der Kosten-Nutzen-Rechnung entziehen? Schenken wir der geliebten Frau einen Messingring mit einem Glasstein zum 19. Hochzeitstag (denn man kann »keinen Unterschied sehen« und es ist »kostengünstiger«)? Nein, tun wir nicht. Streichen wir eine gotische Pieta beim Restaurieren mit Goldfarbe aus dem nächsten Bastlerbedarfsladen? Nein, wir lassen sie mühselig – und nicht gerade kostengünstig – neu vergolden.

Dies ist es, warum nach meinem Dafürhalten die Diskussion über Elektronium versus Pfeifenorgel am Wesentlichen vorbeigeführt wird. Es ist ganz einfach zu beweisen, dass »man« das eine vom anderen nicht unterscheiden kann; wer mich diesbezüglich hereinlegen möchte, ist herzlich eingeladen; bei Blumen hat's funktioniert. Und dass das eine billiger ist als das andere, kann jeder Volksschüler ausrechnen. Es finden sich sicher auch genügend Nicht-Metallurgen und Nicht-Juweliere, die einen Messing-und-Glas-Ring für einen Gold-und-Diamant-Ring halten. Der Kern der Sache ist vielmehr: Wofür und in welchem Zusammenhang gebe ich den Anspruch auf »das Echte schlechthin« auf, der sich naturgemäß schon immer mit der Frage nach dem Kostbaren verbunden hat? Warum ist jedem der Unterschied zwischen Kunstleder und Leder klar (auch der finanzielle), warum ging's bei Schildkrötensuppe, warum geht's bei Kaviar, Riedel-Gläsern, Marmor, Furnier und Massivholz, Teppichen und Perserteppichen – warum hat man sich in allen diesen und vielen anderen Dingen nicht längst auf die Imitation zurückgezogen – und zwar, bitte schön, aus simplen Kosten-Nutzen-Gründen wie bei einer Pfeifenorgel?

Das ist die wirklich entscheidende Frage: Gilt dieser eine Komplex nicht als Kultur (mit allen über das Materielle hinausgehenden Konsequenzen), sondern als Gebrauchsgegenstand?

Manchmal wird argumentiert: Na schön, große wichtige Kirchen sollen Pfeifenorgeln haben; aber in den kleineren und eher »normalen«: unbedingt elektronisch! Wirklich? Reiche Leute schenken echte, arme aber Kunstrosen. Reiche Kirchen vergolden, arme lackieren. Reiche Kirchengemeinden haben ein besticktes Messgewand, arme einen Overall mit dem Aufdruck »Zelebrant«. Reiche Gemeinden bauen eine neue Kirche (und stürzen sich, jawohl, »in finanziell halb bis total tödliche Abenteuer«, schon lange vor einem eventuellen Orgelbau), arme stellen eine Wellblechbaracke auf.

Ich weiß, jetzt wird's polemisch, denn einen Unterschied zwischen den beiden letztgenannten Sakralbauten können auch Nicht-Architekten mit freiem Auge erkennen. Aber es geht darum: Bleiben wir bei der jahrtausendealten Übereinkunft aller, die zusammen ein Kulturvolk ausmachen, dass fürs Überleben das Kostengünstigste und Praktische heranzuziehen ist, fürs Überleben aber (also für das, was über die Grundbedürfnisse hinausgeht) andere Kriterien als die der niedrigsten Rechnungssumme gelten? Kultur ist nämlich all das, was nicht notwendig ist, was wir aber brauchen – falls wir den Begriff Kultur nicht nur in Abhandlungen erörtern wollen (und auch diese Art der Beschäftigung wäre nicht kostengünstig).

Um noch kurz auf den nervus rerum einzugehen: Natürlich ist die Anschaffung einer Pfeifenorgel teuer; es handelt sich fast immer um einen der größten Einzelposten, den ein Kirchenbudget überhaupt aufweisen kann. Es ist jedenfalls nicht vergleichbar mit den Kosten einer Kirchenheizung. (Wobei hier auch kaum jemand sagt: Das brauchen wir nicht angesichts der Not in der Dritten Welt; dabei ist es doch erwiesen, dass das Christentum fast 2000 Jahre lang ohne Kirchenheizung funktioniert hat.) Hier wäre zu sagen: Es gibt solche und solche Anschaffungen. Eine Kerze kaufen kostet drei Minuten und fünf Schilling und der Vorgang spielt sich zigmal im Jahr ab. Ein neuer Läufer für den Mittelgang kostet 2000 Schilling, der Vorgang dauert vielleicht einen Vormittag lang, und er ist alle 20, 30 Jahre fällig. Bei der Orgel muss man zur Kenntnis nehmen, dass die Dimensionen in jeder Hinsicht größer sind. Warum immer diese immense Verblüffung und immer das irrelevante Argument »es geht auch ohne«? Wenn wir alles weglassen, was nicht nötig ist, können wir alle Pfarrbudgets ohne Abzug für soziale Projekte verwenden. Christus hat auch keine Orgel gehabt (um dieses kräftigste aller Argumente doch auch noch zu zitieren). – Stimmt: Er ist auch nicht mit der Eisenbahn gefahren.

Zurück zum eigentlichen Thema. Elektronium und Pfeifenorgel kann man nicht unterscheiden: bitte, meinetwegen. Das Elektronium ist billiger: na sicher. Die beiden Dinge sind genau so gut: Ja – im selben Sinne, wie die Kunstrose genauso gut ist wie die Rose.

Komponieren,
aber für die heutige katholische Liturgie

Aus dem Pfarrblatt der Kirche St. Wunibald, Diözese U.:

PB: *Herr Professor, Sie sind der Architekt unserer neuen Pfarrkirche, die nächsten Sonntag geweiht wird. Obwohl Sie einer der ersten Architekten des Landes sind und wir uns gewiss glücklich schätzen, dass Sie Ihre Erfahrung und Kreativität für unsere kleine Gemeinde zur Verfügung gestellt haben, gibt es doch eine nicht zu überhörende Diskussion über einige Aspekte der neuen Kirche und dazu möchte ich Sie gerne befragen.*

Arch.: Bitte, bitte.

PB: *Sie haben sicher schon viele Kirchen entworfen?*

Arch.: Nein, St. Wunibald ist mein erster Sakralbau.

PB: *Mussten Sie da nicht sozusagen völlig von vorne beginnen, da Sie, ungeachtet Ihres Weltrufs, auf diesem Gebiet noch keine Erfahrung hatten?*

Arch.: Wieso denn? Ein Gebäude ist ein Gebäude, wenn ich so sagen darf. Statik ist Statik, ob das eine Schule, eine Sporthalle oder eine Kathedrale ist. Das Wichtigste ist ja ohnehin der künstlerische Aspekt und die Vision, die man als gestalterischer Mensch verwirklichen will.

PB: *Unter den Dingen, die bei unserer neuen Kirche zu allererst auffallen, ist die Anlage des Altars. Er hat nicht die seit zwei Jahrzehnten überall gebräuchliche Tischform, sondern ist – wie vor dem Zweiten Vatikanum üblich – in einen großen Altaraufbau in der Apsis integriert. Hat dies eine besondere Bedeutung?*

Arch.: Wenn man, so wie ich, ein ganzes Leben lang die wunderbaren Kathedralen des 14. bis 19. Jahrhunderts studiert hat, erkennt man, dass diese Art der Gestaltung des Presbyteriums die schlechthin unübertreffbare, zeitlos gültige, in jeder Hinsicht vollkommene ist.

PB: *Man könnte einwenden, dass sich unsere Liturgie von jener des 14. bis 19. Jahrhunderts unterscheidet und dass die Zelebration versus populum das heute gültige Gemeindeverständnis widerspiegelt.*

Arch.: Mit solchen Feinheiten der Theologie kann sich ein gestalterischer Mensch nicht abgeben, und darüber hinaus hat die Reinheit der architektonischen Form doch ohne Zweifel Priorität vor solchen zeitbedingten Schwankungen im Liturgieverständnis.

PB: *Ihre, wie Sie es nennen, zeitlose Gestaltung des Altarraums drückt also nicht etwa eine persönliche Vorliebe für die tridentinische Liturgie aus?*
Arch.: Keineswegs, es spielten ausschließlich künstlerische Gründe eine Rolle.

PB: *Um beim Altar zu bleiben: Es wurde – mit allem Respekt vor Ihrer Prominenz – mit Staunen vermerkt, dass die Mensa des Altars 159 cm hoch ist. Meinen Sie nicht auch, dass ein durchschnittlich großer Zelebrant Schwierigkeiten...*
Arch.: Und wenn! Das ist wieder diese völlig unkünstlerische Sicht des Gestalterischen, dieses Zurückdrängen des Ästhetischen zugunsten einer übertriebenen Funktionalität! Hat sich denn niemand die Mühe gemacht, die Proportionen des Ganzen zu verstehen? Ein kurzer Blick genügt, um von der Mensa bis zum linken Fuß des heiligen Wunibald auf dem Altarbild und von dort wieder bis zum Abschluss des Bildes die Verhältnisse 3: 4: 5 zu entdecken und diese zeitlos gültigen, dem ganzen Universum inhärenten Konstituenten sind ja wohl wichtiger als die Frage, ob ein vielleicht etwas kleinwüchsiger Priester eine knappe Viertelstunde lang bequem seine Verrichtungen ausführen kann. – Einen Liegestuhl kann ich natürlich nach rein funktionellen Kriterien entwerfen, aber hier, bitte sehr, handelt es sich um Kunst, um Schönheit – und das im Dienste des Transzendenten.

PB: *Ich glaube, Herr Oberbaurat, das wird jedem einleuchten! Ein dritter Punkt hat ebenfalls...äh...Überlegungen ausgelöst. Wir konnten bis jetzt keine Sedilie im Presbyterium entdecken.*
Arch.: Sedilie?

PB: *Die Sedilie, der Platz des Priesters in seiner Eigenschaft als Gemeindevorsteher.*
Arch.: Ach, ist hier der Pfarrer auch Bürgermeister?

PB: *Darf ich Euer Kreativität einen Gedankensprung vorschlagen? Die ungewöhnliche Anordnung der Bänke für die Gläubigen weist darauf hin, dass Sie nicht in allem den bewährten Formen früherer Zeiten folgen.*
Arch.: Die Mäanderlinie ist eine Urvokabel des Kultischen, die das Auf und Ab allen menschlichen Tuns symbolisiert; ich habe sie für St. Wunibald ins Labyrinthische übersteigert, um die ausweglose Hineingeworfenheit des Unerlösten anzudeuten; der einzige Ausweg des Gläubigen aus seinem – wenn Sie so wollen – Banklabyrinth ist der Ausweg zu Gott, zur Kommunionbank.

PB: *Nun gibt es aber gerade in der sehr aktiven Gemeinde von St. Wunibald auch den Brauch des Opferganges. Ist nicht zu befürchten, dass hierfür die labyrinthische Anlage der Sitzbänke...*
Arch.: Opfergang???

PB: *Das geht so vor sich, dass die Gläubigen nach den Fürbitten...*

Arch.: *Fürbitten???*

PB: *Gestatten Sie mir nun doch die Frage, Herr Hochbaudirektor, haben Sie sich mit den Erfordernissen der Liturgie bzw. mit den entsprechenden kirchlichen Vorschriften beschäftigt, als Sie an die Planung unserer Kirche geschritten sind?*

Arch.: Ich kann Ihre Frage beim besten Willen nicht verstehen. Kirchliche Vorschriften und auch Liturgie sind etwas Zeitgebundenes, Kunst dagegen ist zeitlos, durch Vorschriften nicht erfassbar, autonom. Da könnte man genauso gut einem prominenten Komponisten einen Auftrag für ein großes Hochamt geben und von ihm verlangen, er möge sich vorher mit der Liturgie auseinandersetzen oder in Erfahrung bringen, was ein guter Kirchenchor zusammenbringt!

Könnte man?

Starker Tobak, dieses fiktive Interview mit einem Architekten, den es sicher nicht gibt. (Ich beteuere mit allem Nachdruck, dass es sich um reine Erfindung handelt und dass ich nicht glaube, dass jemand in dieser Art jemals eine Kirche so gebaut hat oder bauen wird.) Aber diese Übertreibung dient zur Verdeutlichung, denn all das hier Karikierte gibt es, wenn es uns ums Komponieren für die Liturgie geht:

Es gibt den ernsten, großen Komponisten, der beste Musik schreibt und doch nicht bemerkt hat, dass sich vor 25 Jahren die Liturgie geändert hat.

Es gibt auch jenen, der nicht zur Kenntnis nimmt, dass es einen Unterschied gibt in der Rezeptionsfähigkeit einer Gottesdienstgemeinde und jenem kleinen Sektor des Publikums, der »Neue Musik im Gespräch« hört.

Es gibt den ganz kleinen Komponisten, der sich jeden Fehler und jede Plattheit erlaubt, weil seine Musik ansonsten ja liturgisch ach so richtig ist.

Es gibt den Komponisten guter und auch liturgisch richtiger Musik, die aber kein Kirchenchor der Welt (oder zumindest der Erzdiözese Wien) singen kann.

Und es gibt noch jenen Komponisten, bei dem das alles stimmt, der aber die wirklich neuen Herausforderungen nicht angenommen oder nicht bemerkt hat, und der deshalb das Anliegen der neuen Musik in den neuen Schläuchen auch nicht weiterbringt.

Das ist noch nicht alles: Es gibt dann noch die Leute, die nicht komponieren, aber darüber schreiben, dass erstens das böse Konzil die Kirchenmusik ausgelöscht hat (Kirchenmusik heißt in diesem Fall immer ausschließlich *Krönungsmesse*), dass daher zweitens das Gute-Alte nicht mehr gepflegt wird und dafür drittens nichts oder nur viertens ganz schlechtes Neues produziert wird bzw. dass fünftens unverständlicherweise die jeweils neueste Avantgarde nie Kompositionsaufträge für Kehrverse bekommt. Eingeleitet wird das alles immer mit der Formel »Ich bin zwar kein Kirchenmusiker, aber ...«.

Untersuchungen darüber, wie Musik für die Liturgie definiert oder kategorisiert werden könnte, gibt es in genügender Anzahl. Ich möchte stattdessen einige Forderungen an uns Komponisten formulieren; im Zuge ihrer Erhärtung und Erläuterung wird noch immer genug an Definition und Kategorisierung einfließen.

Musik für die Liturgie schreiben wollen

Darum geht es doch? Ja, aber diese Weiche muss zuallererst und ganz bewusst gestellt werden: Nicht ein »schönes« oder »interessantes« Stück sollst du schreiben, das dann »auch liturgisch aufgeführt werden kann«, sondern du sollst wirklich in erster Linie für die liturgische Anwendung komponieren – mit allen Konsequenzen.

Die Liturgie verstehen

Kennst du die dramaturgische Kurve einer Messe? Was fehlt im Advent, was ist zwischen Ostern und Pfingsten anders? Das subtile Zusammenwirken aus Festgelegtem und frei Formuliertem, aus statischer und dynamischer Aktivität, aus Geordnetem (jede Feier muss Regeln unterliegen) und Subjektivem (500 Gottesdienstteilnehmer = 500 verschiedene Erlebnisse)? Es bedarf unbedingt der Vertrautheit mit den Regeln, mit den Büchern, mit den Rollen (siehe später), aber das ist nicht genug. Italien kann man nicht aus Reiseführern alleine kennen lernen.

Das Rollenprinzip verstehen

Durch die Wiederherstellung dieses Prinzips hat sich eine Fülle an Gestaltungsmöglichkeiten ergeben. Manche Teile der Liturgie stehen einem Rollenträger unbedingt zu, andere können ihm zustehen, andere kann er nicht ausführen. Du kannst nicht das Evangelium für Kantor und E-Piano komponieren und dann beleidigt sein, dass es hier viele Kann-Bestimmungen, aber auch deutliche Idealvorstellungen gibt; und eben diese sind es, die der Komponist heute berücksichtigen soll. Tut er es nicht, ist seine Kirchenmusik vielleicht nicht gerade liturgisch falsch, aber auch nicht kirchenmusikalisch kreativ. Das Rollenprinzip muss sensibel gehandhabt werden; es muss nicht alles mit Kantor und/oder Gemeinde sein, denn da gibt es Stücke, die nicht die Struktur »einer – alle« haben (etwa das Sanctus), andere wieder haben sie sehr deutlich (etwa der Antwortpsalm).

Das Funktionsprinzip verstehen

Es gibt Musik, die eine Handlung begleitet (zur Eröffnung, zur Gabenbereitung, das Agnus Dei, zur Kommunionspendung, zum Auszug). Solche Stücke werden sich in ihrer Dauer an das, was sie begleiten, anpassen müssen. Wie lange ist ein Einzug – ein »normaler«, einer bei der Firmung, bei der Priesterweihe? Wie lange dauert die Gabenbereitung – gibt es einen Opfergang, wird Weihrauch verwendet? Es geht nicht darum, die liturgische Musik sklavisch an genaue Zeitabläufe zu binden, aber wenn sie Begleitfunktion hat, darf dieser Aspekt nicht übersehen werden. Die andere Sorte ist sozusagen liturgische Musik an sich: Die Formen des Kyrie, das Gloria, der Antwortpsalm, das Sanctus, der Dankgesang. Der Gesang vor dem Evangelium ist mehrfach definierbar: Er ist im höchsten Sinne »an sich«, eine Hinführung zum Evangelium, er begleitet aber auch die Prozession mit dem Evangeliar – somit auch eine Herausforderung an den Komponisten: Kurz und begleitend-angepasst – oder mehr ein ausladendes Crescendo zur wichtigsten Lesung in der Messe? Interessanterweise ist dieses Stück auch nach den alten Ordnungskriterien mehrdeutig: Das Halleluja selbst hat Ordinariumscharakter (denn es kehrt in jeder Messe wieder), der Vers hat – mehr oder weniger – Propriumscharakter. Die Frage nach der Funktion ist für den Komponisten sehr entscheidend – das heißt, nicht für ihn, aber für die tatsächliche Verwendbarkeit seines Produkts.

Die Inhalte kennen

Die oft gegebene Freiheit der Textwahl bedeutet noch nicht, dass man »irgendwas Passendes« nehmen kann. Erstens haben sich manche große Linien geändert. Christus wird weniger als Herrscher oder Richter, sondern mehr als Bruder, Hirte oder »einer von uns« gesehen (was nicht heißt, dass er das andere nicht auch wäre – aber zu diesen Christusaspekten gibt es wahrscheinlich schon mehr Musik). In der Begräbnisliturgie gibt es heute weniger Höllen- und Strafenakzente, sondern deutliche Hinweise auf die Auferstehung. Zweitens haben sich Fest- und Festkreisinhalte sozusagen en bloc gewandelt. »Maria Lichtmess« und »Mariä Verkündigung« sind Herrenfeste geworden; es gibt keine Vorfastenzeit mehr, keine Sonntage nach Erscheinung. Es gibt kein »Benedictus« mehr, jedenfalls nicht als eigenen Teil; hier muss der Komponist formal ganz anders vorgehen als vor dem Konzil. Wer macht sich die Mühe, aus diesem so wohlbekannten Text die richtige Struktur zu erkennen und ihn auch demgemäß zu vertonen? (Entgegen der Gewohnheit müsste man nämlich so vorgehen: Heilig ... Gewalten. / Erfüllt ... Herrlichkeit. // Hosanna ... Höhe. / Hochgelobt ... Herrn. / Hosanna ... Höhe. Also A–B–X–Y–X und nicht A–B–C–D–C.)

Den Bedarf erkennen

Wer nach wie vor eine Messe komponieren möchte – schön und gut, wenn's sein muss. Aber es gibt schon einige Messen und an anderen Dingen besteht dringender Bedarf. Da ist einmal der Antwortpsalm, und wer jetzt an die fürchterlichen, primitiven, eintönigen G'sangeln denkt, soll bitte weiterdenken: Es ist nirgends gefordert, dass es nicht aufwendig, gediegen, mehrstimmig und originell sein darf. Grundsätzlich soll die Struktur der Solopsalmodie erhalten sein, aber da ist noch viel zu erfinden. Gleiches gilt für den Hallelujavers. Zudem: Die vielfältigen Möglichkeiten allein des strophischen Wechsels zwischen Chor und Gemeinde sind noch nicht ausgeschöpft: Muss der Chor immer einfach zum »Chorsatz«, im selben Metrum, in derselben Tonart, Melodie im Sopran, dazwischensingen? Leider verkennen manche Komponisten den Bedarf. Es ist vom rein künstlerischen Standpunkt her sehr nett, ein komplettes, schweres, sehr aufwendiges Requiem zu komponieren. Aber »das« Requiem als unveränderliches Gebilde ist nur noch eine von vielen Textvorgaben für eine Totenmesse – abgesehen davon, dass jene jetzt aufgewerteten Teile (Antwortpsalm und Halleluja-[sic!]-Vers) in der alten Textvorlage nicht vertreten sind, dass es das Offertorium »Domine« nicht mehr zwingend gibt – und dass der ganze Libera-me-Ritus völlig ausgetauscht wurde. Man verzeihe mir den gewagten Vergleich: Wer heute eine neue Kennmelodie für die Conrads-Sendung »Was gibt es Neues?« komponiert, braucht sich nicht wundern, wenn sie der ORF nicht produziert.

Das Machbare wollen

Ich werde mich hüten, ein Statement darüber abzugeben, wie »schwer« Kirchenmusik höchstens aufführbar sein darf oder was dem Messbesucher höchstens zugemutet werden darf. Das lässt sich nicht definieren. Selbstverständlich braucht diese wie auch jede andere Kunstform das fallweise Un-Er-Hörte, das schon fast nicht mehr Begreifbare – die großen Messen von Bruckner gehörten zu ihrer Zeit in diese Kategorie, und ohne diese Impulse muss die Kirchenmusik zum soundsovielten Mal eine Domäne des Konservatorischen werden. Aber noch viel weniger wird sich bewegen, wenn sich fähige Komponisten (und ihre Sponsoren und Auftraggeber, wohlgemerkt!) in die Elfenbeintürme zurückziehen. Es muss immer auch auf der fast alltäglichen Ebene Neues versucht werden: Dort, wo man nicht ein 300.000-Schilling-Budget [rund 21.000] für eine Avantgardemesse zur Verfügung hat und nur mit Spezialisten arbeiten kann und drei Monate Zeit hat. Der Komponist soll ein bisschen mehr verlangen, als letztes Mal verlangt worden ist – manchmal viel mehr, manchmal fast nichts; aber er soll sich nicht abkoppeln von dem in den Kirchen tatsächlich vorhandenen Niveau. Paradebeispiel: Anton Heiller, *Dem König aller Zeiten*, Messiaen, *O sacrum convivium*. Neu, mehr verlangend als vorher, aber doch machbar. Und vor allem: sehr gute Musik ... *und* liturgisch!

Die Möglichkeiten der Gemeinde kennen

Bach-Kantaten waren letzten Endes die späte, ausgereifte Frucht einer Liturgieform, die sich die Wiedereinführung der Muttersprache und die singende Beteiligung der Gemeinde auf ihre Fahnen geschrieben hatte. Nichts hindert uns, von der Gottesdienstgemeinde das zu verlangen, was sie bewältigen kann, vorausgesetzt, wir beschäftigen uns wirklich mit diesen Möglichkeiten und nehmen sie als Chance und nicht immer nur als Einengung wahr. Einen guten Kehrvers zu komponieren, der womöglich ohne Probe von einer normalen Gemeinde nachgesungen werden kann, ist eine Fertigkeit, die wie jede andere geübt und gelernt werden muss. Es ist hinlänglich bewiesen, dass die Ausdrucksmöglichkeiten unserer heutigen Musik und die singende Beteiligung des Volkes einander nicht grundsätzlich ausschließen; es geht um die Verteilung der Aufführungsschwierigkeiten – was leider zu wenig beachtet wird. Im Speziellen wird vor allem der »Wiedereinstieg« der Gemeinde (nach einem Kantor-, Chor- oder Orgelteil) meistens nicht zwingend genug gestaltet. Weiters müssen hier dem Schöpfer der Gemeindemelodien Freiheiten in der Textbehandlung eingeräumt werden – der Komponist muss sich aber auch im Klaren sein, dass die Textgestaltung ein wesentlicher Teil seiner (!) Arbeit am Kehrvers ist.

Den Text ernst nehmen

Die Wichtigkeit des Wortes in der Musik unterliegt großen zyklischen Bewegungen: Es hat bei Heinrich Schütz und Johann Nepomuk David eine tragendere Rolle als bei Wolfgang Amadeus Mozart und Franz Schubert. Das Wort ist durch die Liturgiereform aufgewertet worden, mit ihm auch die Musik als Verkündigungsmedium – wobei jenen Bestrebungen zu wehren ist, die alle gottesdienstliche Musik ausschließlich unter diesem Aspekt sehen möchten. Was heißt es denn, einen Text musikalisch zu verkündigen? Vielleicht sollte man sagen: Es muss insgesamt mehr werden. Die Deutlichkeit, die Verständlichkeit allein ist es nicht; auch nicht eine Ausdeutelei mit dem Zeigefinger – aber als Komponist ist man schon verpflichtet, sich einmal zu fragen: Heißt es wirklich, wie gewohnt, »ich bin der gute *Hirte*« – oder ist die Pointe der Stelle nicht eher: »*Ich* (Pause) bin der *gute* Hirte«?

Die ganze Musik verwenden

Der liebe Gott hat auch die Blue note erschaffen und die Synkope und den Fünfachteltakt und den Cluster und das Vibrato, auch das Schreien, Flüstern, Lächeln, Klatschen. Und den anderen Kollegen sage ich gleich anschließend: Er hat nicht nur diese Ausdrucksmittel geschaffen, sondern auch die althergebrachten wie die Dominante und die Tonika. Den schwierigen Unterschied zwischen Einfachheit und Primitivität muss sich gerade der Kirchenmusiker jeden Tag neu überlegen, aber auch jenen zwischen Evolution und Revolution. Es gibt jene kirchliche Gesetzgebung gottlob nicht mehr, die den Kirchenkomponisten sehr vieles sehr genau vorgeschrieben hat – bis zu Verbot oder Erlaubnis bestimmter Intervalle. Wir sind aufgerufen, diesen Freiraum verantwortungsvoll und würdig zu nutzen.

Und schließlich: Die erregenden neuen Möglichkeiten wahrnehmen

Ich werde nicht viele aufzählen, da ich einige gern selbst wahrnehmen möchte, aber – es gäbe so viel zu komponieren! Teilweise schon erwähnt: Die vielen neuen Texte zur Totenliturgie mit den vielen Trost- und Auferstehungsgedanken – wie vertonen wir das Halleluja in einer solchen Messe? Die Kyrie-Litanei mit den verschiedenen strukturellen Möglichkeiten, vielleicht mit auswechselbaren Texten für den Kantor, während der Chor Gleichbleibendes singt! Antwortpsalmen in jeder denkbaren Form, vielleicht zu verschiedenen Kehrversen passend, die am Ende jeder Strophe musikalisch »angerissen« werden; dasselbe gilt für den Halleluja-Vers! Durchkomponierte Antwortpsalmen (vgl. Schütz, *Kleine geistliche Konzerte*), solche mit Choreinwürfen, solche mit zwei Kehrversen, solche mit Orchester, mit Orff-Ensemble... Eingangs-, Gabenbereitungs- und Kommunionsmusiken in Modulbauweise, die man je nach zeitlichem Bedarf strecken oder kürzen kann! Ebenso ein Agnus Dei, das gestreckt werden kann, wenn 16 Konzelebranten mitwirken! Wer nimmt sich der Form des Credos an – nach der neuen Übersetzung sollte (falls es ihn gibt) der »ruhige Teil« nicht bei »hat Fleisch angenommen«, sondern bei »Für uns Menschen« beginnen?! Wer findet neue gute Lösungen fürs Gloria, die der Textstruktur entsprechen und auch die Gemeinde beteiligen? Wer komponiert eine Vesper, eine Komplet (mit der für den Komponisten interessanten Verlegung des Hymnus an den Beginn)? Es gibt genug lohnende, interessante Aufgaben für Komponisten, die ausdrücklich für die katholische Liturgie schreiben möchten. Es ist nicht zutreffend, dass ihre Betätigungsmöglichkeiten seit dem Zweiten Vatikanum weniger geworden sind. Wahr ist: Viel mehr!

PS: Eine ganz technische Schlussbemerkung: Wer neuere Kirchenmusik auf-
führt und seine AKM-Bogen* brav ausfüllt, möge bitte genau auf die
Titelangabe achten. Beim alten Repertoire war es nicht so kritisch:»Gustav
Birnstingel, *Messe in a-Moll*« ist eindeutig. Dagegen ist»Halleluja«,»Ruf«,
»Chorsatz« oder»Antwortpsalm« zu ungenau; Letzteres war noch vor 15
Jahren halbwegs brauchbar, ist aber inzwischen zu einem Gattungsbegriff
geworden. Umgekehrt müssten auch wir Komponisten auf eindeutige Titel
achten; auch für diese Seite des»Geschäftes« gilt:»Halleluja« ist zu ungenau.

---

* Die AKM ist das österreichische Pendant zur GEMA.

Komponieren? Für die Liturgie?

Wer komponiert heute noch – und schon gar: Wer komponiert wirklich für die Liturgie?

Sonderbar, diese erste Frage! Es dudelt und dröhnt aus allen Ecken – in Kaufhäusern, Flugzeugen und Zahnarztpraxen sollen wir uns wohler fühlen, weil wir dort auch Musik hören dürfen, und die muss ja wohl jemand komponieren; es gibt mehr TV- und Radiosender als je zuvor, und dort werden natürlich nicht nur Gedichte, Neuigkeiten und Talkshows geboten; es gibt insgesamt mehr Veranstaltungen, Tonträger, Konsumenten, Produzenten – und all das scheint Musik zu sein, was da veranstaltet, aufgenommen, konsumiert und produziert wird. Es muss herrlich sein, heute Komponist zu sein!

Langsam! Com-ponere (zusammen-fügen) – das machen heute viele und vor allem: mehrere. Dem Ersten fällt eine ergreifende Melodie ein, der Zweite hat ein Keyboard, der Dritte hat keine Stimme, aber singt das, weil ihm der Vierte ein tolles Mikrophon an den Gaumen hält, der Fünfte nimmt das auf und der Sechste nennt sich Manager und verdient damit Geld.

(Insider wissen, dass in Wirklichkeit heutzutage noch viel weniger Exemplare des homo sapiens mitwirken, wenn am Ende ein Musikstück herauskommt: man kann fast alles am Synthesizer machen. Ein Mann genügt. Ob dieser dann der Komponist ist? Lassen wir's offen.)

Vor der Erfindung der Festplatte bedeutete Com-ponere etwas anderes, nämlich: Der Komponist erdenkt ein ganzes Musikstück und sorgt auch für den gesamten Vorgang der schriftlichen Fixierung. Wohl wahr – es gab immer wieder Ausnahmen. Bei Gershwin und Bernstein zum Beispiel kamen Song und Sound nicht immer aus demselben Stift. Bei einer Improvisation wird gar nichts schriftlich fixiert – ich weiß es zufällig ganz genau –, und doch handelt es sich um ein ganzes Musikstück. Und so weiter! Aber es ist nicht daran zu rütteln – komponieren hieß eigentlich bis vor kurzem: Du musst nicht nur eine vage Idee haben, sondern auch die tollen Akkorde finden können, die dazu passen; du musst all das in speziellen Zeichen auf 5, 15 oder 55 Linien aufschreiben können und beim Instrumentieren darfst du einen Flügel auch bei Dunkelheit nicht mit einem Flügelhorn verwechseln.

Hat man es sich ein paar Jahrhunderte lang unnötig schwer gemacht? Warum kann man das heute alles mit der Maus com-ponieren? Weil die kommerzielle Musik in einigen Parametern stark standardisiert und vor allem stark elementarisiert ist. Etwas schonungsloser ausgedrückt: Einen fünf Minuten lang gleichbleibenden Viererrhythmus Wamm-daba-daba-wumm kann sehr gut auch ein Chip spielen; und wenn man insgesamt nur vier Harmonien braucht, deren Abfolge ebenfalls immer gleich bleibt – auch da ist ein Schaltkreis billiger als ein Magister der Künste.

Aber die andere Musik, jene mit mehr als vier Harmonien, jene, bei der sich der Rhythmus ändert – womöglich 28mal pro Seite? Sie ist ein Fall für Spezialisten. Das betrifft beide Seiten, den Schöpfer und den Konsumenten. Und sogar die Leute dazwischen, die Musiker: Auch die werden Spezialisten sein; zumindest müssen sie das Streich-, Blas- oder ein sonstiges Spiel-Handwerk richtig gelernt haben. (Ausnahmen bestätigen die Regel.)

Das alles ist nicht nur im Verhältnis teurer zu produzieren als Wamm-daba-daba-wumm, sondern bringt auch insgesamt viel weniger Geld ein. Schön, dass sich das so ausgeht!

Und jetzt kommt die Kirchenmusik ins Spiel, genauer gesagt: Komponieren für die Liturgie. Das ist wieder ein Spezialgebiet.

Denn erstens: Liturgische Musik hat auch einen außermusikalischen Zweck. Das ist übrigens auch bei der Film- und Theatermusik so; es mag möglich sein, sie ohne ihren Film, ohne ihr Theaterstück aufzuführen – aber gedacht hat sie der Komponist nicht so. Das bedeutet: Der Komponist muss den Film kennen, das Theaterstück ... die Liturgie! Und wenn ein Komponist meint, er brauche die Liturgie nicht zu kennen, dann muss nicht, aber kann allerlei schief gehen.

Zweitens: Wer ins Kaufhaus und zum Zahnarzt geht, ist nicht wegen der Musik dort. Die Musik ist Zutat – weniger noch, sie ist Hintergrund beim eigentlichen Zweck des Kaufhaus- und Zahnarztbesuches. Wer hingegen in ein Konzert mit Avantgardemusik geht, weiß, was ihn erwartet und ist sozusagen selbst schuld. Wer in die Messe geht, ist zwar auch selbst schuld (er muss ja nicht), er bekommt aber auch mehr als eine Hintergrundmusik. Das bedeutet: Was für die Liturgie komponiert wird, muss irgendwo zwischen diesen beiden Polen sein – in der Mitte zwischen höchst unverbindlichem, gar nicht so recht wahrgenommenem Geriesel einerseits und hohem, selbst gestelltem künstlerischem Anspruch andererseits.

Aua! Wer hat da aufgejault? Jetzt geht wieder die alte Debatte los: Der künstlerische Anspruch ist nicht teilbar, auch und gerade nicht für die Liturgie (sagen die einen). Ach was (sagen die anderen), die Musik im Gottesdienst soll sich gefälligst nicht aufplustern; Hauptsache, wir denken beim Hören an etwas ganz Frommes. (Diese Debatte gibt es, seit es Kirchenmusik gibt. Es muss sie geradezu geben, denn an den beiden Positionen führt kein Weg vorbei. Aber wir wollen systematisch bleiben.)

Drittens: Musik in der Liturgie wird somit immer von mehreren Seiten definierbar bleiben. Denn der eine kommt wegen der *Krönungsmesse*, und ob der Pater A oder der Pater B predigt, ist ihm egal. Der andere kommt trotz der *Krönungsmesse*; er betet halt, so gut es geht, in den mozartfreien Zeiten. Der dritte will Musik, die für jetzt und hier gemacht ist, und sie muss auch direkt aus der Gemeinde kommen; das heißt, sie muss mit vier Blockflöten, zwei Xylophonen und einer Plastikrassel realisierbar sein.

Viertens: Musik in der Liturgie soll nicht nur zum Hören sein, sondern zum Mitmachen. Die zum Gottesdienst Versammelten sollen zumindest mitsingen können; »zumindest« bedeutet hier keine bösartige Herabsetzung des Singens, sondern geht auf die Tatsache ein, dass das gemeinsame Singen die praktikabelste Form der Beteiligung aller ist – abgesehen davon, dass der Ankauf von 300 Blockflöten und 80 Plastikrasseln auch eine merkliche Belastung jedes Pfarrbudgets wäre.

Das heißt fünftens, dass der Komponist bei der Wahl der musikalischen Mittel diese Gegebenheit des gemeinsamen Singens berücksichtigen sollte. Zwölftonreihen etwa sind für eine Gottesdienstgemeinde zu hoch gegriffen, und zwar um ungefähr 98 Prozent. Auch in rhythmischer Hinsicht darf es sich in vernünftigen Grenzen halten, wenn es klappen soll.

Ganz schön wenig, was ein Komponist da noch darf! Wenn das so ist, wird natürlich niemand mehr etwas für die Liturgie komponieren!?

Nein. Es soll komponiert werden und es wird komponiert. Es wird komponiert für die schmalen Zwischenräume, die in der bisherigen Argumentation offen bleiben. Es ist eine neue Kirchenmusik denkbar, die mehr Aufwand als vier Blockflöten verlangt und für die doch nicht gleich ein Ensemble für Neue Musik nötig ist. Es kann eine neue Kirchenmusik geben, die nicht Altes wiederkäut und nur ein Echo ist, nicht neugotisch und neo-irgendwas, die aber doch nicht wie ein Fremdkörper aus einem nicht-geistlichen Avantgardekonzert über die Gemeinde gestülpt wird. Es kann eine neue Kirchenmusik komponiert werden, die mehr aus dem Text macht, ihn aber nicht erdrückt, die von der mitsingenden Gemeinde viel, aber nicht zu viel verlangt.

Nirgends wird so viel alte Musik gemacht wie in der Kirche. Nirgends wird auch so viel neue gemacht.

Das eine kommt daher, dass für viele Religionsausübung schon an und für sich etwas Vertrautes = zu Bewahrendes = Konservatives ist und dass daher in diesem Zusammenhang die erbauliche, nicht die neugierige oder schockierende Komponente auch bei der Musik im Vordergrund stehen soll.

Das andere hat damit zu tun, dass sich die Liturgie doch immer wieder verändert und daher immer auch Bedarf an Neuem oder zumindest Adaptiertem in der mit ihr einhergehenden Kunst besteht; es hat freilich auch damit zu tun, dass Liturgie ein immerwährendes Wechselspiel zwischen Normativem und Subjektivem ist. Aber jetzt wird's wieder gleich ganz philosophisch und das wollen wir lieber bleiben lassen.

Also, komponieren für die Liturgie? Ja, aber in Kenntnis der Gegebenheiten. Im Blick auf die Möglichkeiten der Feiernden (dennoch mehr als C-Dur) und auf ihre Erwartungshaltungen (dennoch kein Kirchen musikantenstadl). So kompliziert ist es leider – und auch: so einfach.

Eine neue Kirchenmusik so einfach zu machen, dass alle mithören und möglichst auch mitmachen können, ist nicht schwer.

Eine neue Kirchenmusik so zu machen, dass alle vom Donner gerührt sind wegen der Neuartigkeit und der Qualität, und alle den Veranstalter, den Pfarrer, den Sponsor und den Komponisten loben und preisen – das ist auch nicht so schwierig. Aber die beiden Dinge unter einen Hut zu bringen – das ist nicht nur schwierig. Vielmehr muss vielen erst begreiflich gemacht werden, dass es eines der dringendsten Probleme in der neuen Kirchenmusik ist, all diese Erfordernisse unter einen Hut zu bringen. – Was hiermit wieder einmal versucht worden sein möge!

Wolfgang Wegen: Sein Hauptwerk ist positiv

Es ist, unter Bedachtnahme auf die spezifischen soziokulturellen Interdependenzen, eine der markantesten Neuerscheinungen auf dem Gebiet der nicht-konfessionellen, ja der nicht-tranzendoiden Orgelmusik insgesamt gebührend zu vermelden. Der auch bislang schon nicht gerade als schüchtern diskreditierte Musikverlag Bendit & Co. hat rechtzeitig zum 4. Todestag von John Cages Schwiegerenkel zweiten Grades das fürwahr wichtigste Werk der vierten deutschen Minimalisten-Schule aufgelegt: *78 Aphorismen* für Orgel von Wolfgang Wegen. Wegen, Eingeweihten nicht erst seit unlängst kein Unbekannter mehr, sondern in präziser Antithese nachgerade der im Stillen vor sich hin kreierende Primärexponent der vorgenannten Stil-Denomination, von Wegen also war ja zu erwarten, dass seine immer schon in extremer Kondensation konstituierte Konstruktivität einmal spontan und hyperplötzlich sich in einen Quasi-Nihilismus quasi nihilieren würde – also gleichsam mit einem schon fast hörbaren Plopp-Geräusch sich aller zu einem bürgerlich-abgeschlafften Leerformel-Gebräu gehörenden Chiffren frischerdings entäußern würde können. Das also, wie gesagt, war ja zu erwarten gewesen, gerade nun von Wegen!

Von Wegen, die er sonst noch oder allenfalls anderenfalls hätte beschreiten können wollen, wollen und können wir hier nichts sagen, was über Mutmaßungen hinausgehen können dürfen könnte. Wir wollen aber festhalten, dass die vorliegenden *78 Aphorismen* die kühnsten Sehnsüchte auch der kompetentesten Kombattanten des komplexen Komponisten komplett übertroffen haben – eine Sicht der Dinge, der sich der Rezensent entschieden anschließen möchte, zumal er hierblatts immer schon!! Der Prozess der implosiven Verknappung nicht nur der Emotional-Dimension, sondern auch des tonalen Parameters unter gleichzeitiger Reduktion der rhythmischen Morpheme resultiert nur vordergründig in einem zunächst stupenden Rezeptanz-Defizit; nach einem mehrmaligen Sich-Versenken in den Kosmos dieser mikrobischen Strukturen eröffnet sich die extrahumane Schönheit einer Null-Welt.

Dass Wolfgang hier subkutan auch Autobiografisches anbietet, erhellt schon aus den prägnanten Titeln der einzelnen Stücke. Was anders als die frühkindliche Identifikation mit den klassischen Heldengestalten könnte denn etwa gemeint sein, wenn der *6. Aphorismus* die Überschrift trägt »Der kleine böse Wolfgang« oder dann gleich Nummer 8 mit »Wolfgang und die sieben Geißlein« überschrieben ist. – Einem Rückblick auf die stürmischen

Jahre der Adoleszenz ist wohl die Nummer 17 gewidmet mit dem Titel »Wolf-Punk«. Später, sesshaft und domestiziert geworden, hat er denn wohl im Kreise gleichfalls erfolgreich gewordener Altersgenossen eine Zeitlang kapitalistisch-bürgerlichen Freizeitbeschäftigungen gefrönt, was wohl in Nr. 32 hommagiert wird, überschrieben mit »Golf-Gang«. Bald darauf aber beginnen mit Nummer 35 die Läuterungs- und Selbstfindungs-Aphorismen, die mit einer Art Atomisierung und Selbstdestruktion der Person kongruent erscheinen; es sind die Stücke mit den Titeln »Wo«; »Gang«, »Olf« und schließlich »Ng«. Letzteres könnte in seiner stratosphärisch-undefiniten, man möchte sagen rotgoldenen Kümmerlichkeit förmlich zu Tränen rühren, wenn es nicht zu kurz wäre, als dass sich in den entsprechenden Drüsen des Hörers die erforderlichen sekretorischen Vorgänge in Gang setzen könnten.

Das letzte Drittel des Zyklus stellt den Komponisten im Ergründen seiner eigenen pantokosmotischen Interrelevanz dar, oder einfacher ausgedrückt (aber nicht vereinfacht – jedenfalls nicht im vordergründigen Sinne verein-facht, nur ein wenig umschrieben – jedenfalls nicht minder konklusiv, sicherlich aber semantisch dichter) oder also, wie gesagt, stellt den Komponisten dar auf seiner hyperbolischen Innewerdung gegenüber allem, was nicht ausdrücklich er selbst ist. In stringenter sprachlicher Verumdeu-tung konkretisiert sich dies anhand einer Präpositionierung des Vornamens, die in jedem einzelnen Fall empirisch darangeboingt, zeitgleich aber qua Ereignis auch doch nun in Frage gestellt wird. So scheitert der Komponist etwa mit Nr. 57 (»An Wolfgang«) – wie ja auch schon Beethoven mit einem ähnlichen Versuch Schiffbruch erlitten hat – ebenso wie mit Nr. 63 »Ohne Wolfgang« und besonders in Nr. 67, das Schlüsse auf eine zumindest zeit-weilige Schizophrenie des ratlosen Autors evoziert – es hat den Titel »Zwischen Wolfgang«.

Aber in einem schmerzlichen Aufbäumungsprozess, wie er insbesondere in Nr. 71 »Trotz Wolfgang« manifest erscheint, findet das Subjekt zu einer Antwort, die alles um-, auf-, be- und einschließt. Der vorletzte Aphorismus ist der Erkenntnis gewidmet, warum das Universum so und nicht anders erschaffen ist: »Wegen Wolfgang«.

Man wird zweifelsohne nicht fehlgehen, wenn man hier eine in ihrer Dezenz zwar unaufdringliche, gleichwohl aber doch schemenhaft apperzi-pierbare Egozentristik konstatiert, und man wird sich umso bereitwilliger damit solidarisieren, als ja überhaupt von Wegen! Ganz deutlich ist hier die antithetisch ins Polare dislozierte polare Antithese in ganzer Deutlichkeit disloziert, wenn sich hie die immer noch ein wenig gespaltene Personheit in einem offensichtlich aus immerhin zwei Tönen bestehenden Einleitungs-, Haupt- und Durchführungsmotiv kundtut, da jedoch das andere Thema sich in einem abgrundtiefem Grundgrunzen nicht unähnlichen Schrei schräg durchs All äußert. Und da ist vor allem die übergangslose Juxtapositionierung der beiden konstituenten Ideen, die unwillkürlich nachdenklich macht, wenn auch nur für ganz kurze Zeit. Hier werden all jene glanzvoll bestätigt, die entlang des Komponisten dornenvollen Weges zur Selbstfindung immer mal wieder zu warnen sich genötigt fühlten: von wegen von Wegens Wegen wegentkommen!

Füglich möchte der Rezensent die risikolose Prophezeiung dingfest machen, dass sich gerade dieser Aphorismus Nr. 78 als erster und sehr schnell einen Pfad nicht nur in die elfenbeinernen Türme des ohnehin dafür aperten Minimalisten-Konklave bahnen wird, sondern auch die Trauungsstätten und Friedhofskapellen schlechthin im Sturm erobern wird können müssen dürfen.

Prof. Dr. habil Adorno T. Devote

Textnachweise

»Die Trompetenuhrstücke«, erschienen als Vorwort zur Notenausgabe:
W. A. P. Mozart, *Vier Stücke für die Trompetenuhr*, Wien, Doblinger 1991

»Zur Authentizität der wichtigsten Werke von Max Reger«
Kirchenmusik im Erzbistum Köln, 2/1988, S. 38

»Wie man eine Orgel anschafft. Eine Trilogie.«
Von Josef von Glatter-Götz; aus dem Englischen ins Deutsche transponiert
von Peter Planyavsky, *Programm Ratzeburger Dommusiken* 1982, S. 47

»Warum ich unechte Rosen ins Wasser stelle«
Singende Kirche. Zeitschrift für katholische Kirchenmusik, 42. Jahrgang,
1994, Heft 4, S. 192

»Komponieren, aber für die heutige katholische Liturgie«
Singende Kirche. Zeitschrift für katholische Kirchenmusik, 36. Jahrgang,
1989, S. 120

»Komponieren? Für die Liturgie?«
in: *Das waren fünf Jahre! Festschrift Orgelfest im Stift Heiligenkreuz*,
Heiligenkreuz bei Wien 2002, S. 6

Alle übrigen Texte werden hier erstmals veröffentlicht.

Die Karikaturen stammen aus der Feder von Paul O'Grady.

Schräges und Halb-Schräges von Peter Planyavsky im Musikverlag Doblinger

Der zufriedengestellte Autobus (1985)
Kantate von P. P. Bach für Soli, Chor und Orchester (45')
(2202-0221-Pk-Streicher-Cembalo)
Äußerst spätbarockes Geschehen um einen Autobus, der meint, mitten in
Wien parken (parken!!) zu können – und schon folgt eine Sinfonia mit
konzertierenden Martinhörnern...

J. P. Haydn, *Ankunftssymphonie* (1987)
in vier Sätzen (2222-2221-Schlagzeug-Streicher) (19')
Es dauert ein ganze Weile, bis endlich alle Musiker auf ihren Plätzen
sind, aber der eigentliche Skandal ist, dass Beethoven einige seiner
bekanntesten Themen aus dieser Symphonie entlehnt hat!

Cactus tragicus (2004)
Kantate von P. P. Bach für Soli Chor und Orchester (37')
2202-0220-Schlagzeug-Streicher-Cembalo)
Vor den Stadttoren Leipzigs wird 1662 ein Cactus entdeckt; bei der
Identifizierung des schröcklichen Ungebilds kommt es zu allerlei
Verwirrung; zu guter Letzt singen aber dann doch alle einmütig das
schöne Lied »Oh Stachelbaum«.

W. A. P. Mozart, *Eine nicht gerade kleine Nachtmusik* (2005)
Serenade für Orchester (2222-2221-Schlagzeug (2)-Streicher (20')
Der Kleinmeister Vinzenz Carl Plagiavsky nützte damals auf unverschäm-
te Weise den Erfolg von Mozarts Nachtmusik und verfasste eine Art
erweiterte Version, die hier der frappierten Öffentlichkeit vorgelegt wird.

W. A. P. Mozart, *Vier Stücke für die Trompetenuhr* (1985) für Orgel
Die Entstehungsgeschichte dieser skurrilen Stücke wird in diesem Buch
auf Seite 50 berichtet. Trompetenuhren sind inzwischen international
geächtet.

Musikverlag Doblinger
Postfach 882, A-1011 Wien
www. music@doblinger.at

DR. J. BUTZ • MUSIKVERLAG

Unser Notenprogramm:

Orgel solo
Orgel mit Soloinstrument(en)
Orgel mit Orchester
Sologesang
Geistliche und weltliche Chormusik für SATB und SABar

* * *

Unsere Bücher:

Jean Guillou
Die Orgel – Erinnerung und Zukunft
Geschichte des Instrumentes, Orgelspiel, Improvisation,
Registrierpraxis
[BuB 01]

Jörg Abbing,
Jean Guillou – Colloques
Weltweit erste Biographie
[BuB 02]

Hermann J. Busch / Michael Heinemann (Hg.)
Zur deutschen Orgelmusik des 19. Jahrhunderts
(*Studien zur Orgelmusik* 1)
Orgelspiel, Registrierpraxis, Komponistenbiographien
[BuB 03]

DR. J. BUTZ MUSIKVERLAG
Postfach 3008, D-53739 Sankt Augustin
www.butz-verlag.de